AF234156

MANUEL PRATIQUE

DE

Cuisine

Provençale

RECUEIL

DES

Meilleures Recettes Culinaires

des principaux Chefs de Cuisine

de Provence

MARSEILLE

IMPRIMERIE de la S^{té} du "PETIT MARSEILLAIS"

(Samat et Cie)

A BASE DE JUS DE VIANDE DE BŒUF
LE KUB
POUR 1/2 LITRE
NE DOIT MANQUER
DANS AUCUN MÉNAGE
donne
un excellent
bouillon
rend
plus savoureux
tous potages,
sauces, ragoûts,
poissons, légumes,
pâtes etc.
EN VENTE PARTOUT

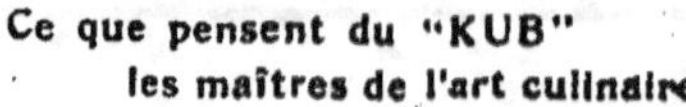

Ce que pensent du "KUB"
les maîtres de l'art culinaire

Par un usage journalier, j'ai acquis
la certitude que le "KUB" est à tous les
points de vue recommandable et constitue
un précieux élément de la cuisine.
PH. GILBERT,
Professeur de cuisine.

Le "KUB" donne un excellent bouillon,
savoureux et limpide, qui, comme tout
autre bouillon du pot-au-feu, sert à la
préparation de potages, de légumes, de
rizottos, d'aspics et de tous autres plats
de poisson, viande, volaille, etc...
MONTAGNÉ,
Chef de cuisine.

Le "KUB" à base de jus de viande de bœuf, se recommande aux Ménagères, Coloniaux, Touristes, Chasseurs,
Cyclistes, Sportsmen, etc., par sa préparation facile et
rapide et ses éléments stimulants et nutritifs.
EN VENTE PARTOUT

PRÉFACE

Y a-t-il un Art Culinaire ?

Seuls, jusqu'à ce jour, les gourmets et les gastronomes émettaient cette opinion en donnant à l'appui de leur thèse tout le savoir et la dépense d'idées qu'un cuisinier doit déployer pour transformer, souvent en véritables chefs-d'œuvre, les plus élémentaires produits mis à sa disposition, et pour rédiger et préparer un menu qui, au lieu de fatiguer les convives, les incite au contraire à de nouvelles sensations gustuelles au fur et à mesure de sa dégustation.

Quels désespoirs, quelles amères déceptions, quel Calvaire même, dirai-je, ont gravi tous ceux qui, praticiens dévoués, orgueilleux de leur métier et faisant tout pour que le cuisinier obtienne enfin le rang qui lui est dû, constataient qu'avec la digestion, s'oubliaient les louanges adressées au moment de la dégustation et se voyaient traiter en domestiques par ceux-là mêmes qui, quelques instants auparavant, vantaient leurs talents.

Quels chagrins pour un cuisinier de voir que la cuisine française, universellement réputée, n'était vraiment appréciée et lui-même vraiment considéré qu'à l'étranger.

La France est pourtant la patrie des Carême et des Brillat-Savarin.

Ah ! ces malheureux temps où l'on dédaignait ainsi les délices de la table. Pourquoi tous les Vatels modernes ne se sont-ils pas, à l'exemple de leur grand aïeul, passé l'épée à travers le corps, en désespérant de l'avenir ?

Parce qu'ils avaient la foi, et ils avaient raison !

Des concours leur sont venus aussi nombreux que dévoués, et le succès a couronné leur persévérance.

L'art culinaire est maintenant définitivement et officiellement consacré, puisque la cuisine a figuré au « Salon d'Automne 1923 », sous la dénomination de « 9e Art », et qu'un cuisinier peut maintenant se dire ouvrier d'art, puis-

qu'il a figuré au Salon à côté des plus grands peintres, des plus célèbres sculpteurs, en un mot, au milieu de tous les artistes.

La plus grande récompense de ma carrière culinaire sera celle d'avoir eu l'insigne honneur de prendre une part active à cette consécration en représentant la Provence à cette manifestation de tourisme culinaire et en constatant que c'est elle qui, au milieu de toutes les provinces de France qui y défilèrent du 14 Novembre au 20 Décembre 1923, y connut les joies des journées les plus triomphales.

Mon ardent patriotisme régionaliste fut ces jours-là pleinement satisfait.

C'est donc un acte de foi que j'accomplis en écrivant pour mes bons amis du « Petit Marseillais » la préface de ce livre; rien de ce qui touche la cuisine ne peut me laisser indifférent, et tous les efforts faits pour sa propagation trouveront en moi le plus ardent défenseur.

Que les futures et si aimables lectrices auxquelles ce livre est destiné y puisent avec attention les conseils nécessaires à la confection d'un succulent repas, même si ce doit être en vue du repas familial et quotidien.

Qu'elles sachent que les grandes affaires, les questions internationales même se traitent très souvent à table, et qu'elles sachent bien aussi que la bonne harmonie du ménage tient quelquefois à la façon dont le repas est servi et à son exactitude.

Votre cher époux sera d'autant plus aimable avec vous que vous lui aurez préparé un excellent repas et à l'heure exacte, si cela doit favoriser ses occupations.

Prenez donc goût à la cuisine, Mesdames. Vous trouverez dans ce livre tous les enseignements qui vous sont nécessaires pour tenir dignement votre rôle de maîtresse de maison, et sachez que vous n'avez pas à redouter les charges pécuniaires trop fortes, car en cuisine, avec un peu de goût et d'habileté, on peut souvent réaliser de petits chefs-d'œuvre avec peu de chose.

Je serais très heureux que mon humble concours puisse aider ceux qui ont présidé à l'élaboration de ce recueil culinaire, à obtenir le succès qu'ils méritent.

F. FOUCOU.

CHAPITRE PREMIER

POTAGES

CONSOMMÉS, POTAGES MAIGRES
POTAGES A LA CRÈME

Pot-au-Feu. — Le Pot-au-Feu étant la base de tout consommé et en même temps, peut-on dire, le potage national, nous nous étendrons un peu plus longuement sur la formule.

Voici les morceaux de Bœuf qui doivent entrer dans sa composition : Pointe de Culotte, Grumeau, Bavette d'Aloyau et Plates Côtes. Sans aucun inconvénient on peut y ajouter un petit morceau de Mouton maigre, par exemple le « Becquet », cette viande lui donnant une saveur spéciale. Un kilogr. de viande donne un excellent bouillon pour 5 à 6 personnes au moins.

Le Pot-au-Feu doit cuire très lentement et couvert, mais non hermétiquement, afin que la vapeur puisse s'échapper.

Le Bouquet doit être composé de : carottes, poireaux, navets, céleri et un oignon brûlé légèrement pour éviter de donner de l'amertume au bouillon.

Pour la quantité de légumes, se baser sur l'arôme plus ou moins prononcé de chacun.

Dans certaines régions, on y ajoute du chou et une tomate, mais ceci est facultatif.

Avoir bien soin de l'écumer au moment où l'ébullition va se produire, le dégraisser de temps en temps pour lui assurer sa limpidité, tout en lui laissant un peu de graisse.

Le temps de cuisson est de 4 heures environ, mais il est toujours facile de s'assurer de l'état de cuisson, en plongeant dans les morceaux une aiguille à brider, si le morceau reste attaché à l'aiguille en le relevant, la cuisson n'est pas complète.

Assaisonnement : Sel gris de cuisine. Se tenir de préférence à une dose minima.

Consommé. — Pour deux litres de bouillon, hacher finement 500 grammes de maigre de Bœuf. Mettre ce hachis dans une casserole, avec poireaux, carottes, un peu de céleri, cerfeuil, y ajouter un blanc d'œuf battu, incorporer une cuillère d'eau froide, travailler le tout à la spatule en bois ; y ajouter peu à peu le bouillon tout en le remuant.

Faire prendre l'ébullition en ayant soin d'éviter qu'il ne s'attache au fond du récipient.

Laisser cuire une heure à petit feu.

Consommé Croute-au-Pot. — Tailler les légumes du Pot-au-Feu en demi-lune que l'on ajoute au consommé en y incorporant du chou.

Servir avec de petites rondelles de croûtes de pain que l'on fait rissoler dans le dégraissé du Pot-au-Feu, ou mieux griller au four doux.

Consommé Julienne. — Tailler les légumes en égale quantité : carottes, navets, blancs de poireaux, choux, laitues, en julienne, c'est-à-dire en allumettes de 5 centimètres de long, les blanchir pendant 3 minutes, les égoutter et les faire revenir dans une casserole avec beurre et dégraissé de pot-au-feu. Cuire au four avec couvercle, les remuer de temps en temps.

Dès que la cuisson s'est accomplie, les égoutter, les presser pour en extraire la graisse, les ajouter dans le consommé et leur faire prendre quelques minutes d'ébullition.

Consommé Julienne au Maigre. — Ni égoutter, ni presser les légumes, mais ajouter de l'eau. Laisser cuire lentement pendant 2 à 3 heures, dégraisser et y ajouter sel et soupçon de poivre de Cayenne et muscade râpée. Cerfeuil et persil hachés.

Consommé Printanier Royal. — Mêmes légumes que le précédent, y ajouter des morceaux de royale coupés en losanges.

Recette de la Royale : 1 litre de consommé, huit œufs entiers battus, sel, muscade en petite quantité, mélanger le tout, mettre à cuire dans un moule ayant peu de hauteur, beurré au préalable, cuire au bain-marie à feu doux, éviter l'ébullition, laisser refroidir, démouler et couper les losanges, ajouter au consommé au moment de servir.

Il est bon en les coupant de les jeter dans une quantité de consommé et les tenir légèrement chauds ; s'en servir au fur et à mesure des besoins.

Consommé Printanier Colbert. — Même formule que le précédent, mais à la place de la Royale, ajouter seulement un œuf poché par personne.

(Voir au chapitre des Œufs la façon de les pocher).

Consommé Brunoise. — Tailler carottes, navets, poireaux, céleris blancs, choux en Julienne, les couper ensuite en très petits dés, les cuire de la même façon que la Julienne.

Consommé Royale. — Servir tout simplement avec une « Royale », comme il est dit plus haut, couper en dés ou en losanges, à volonté.

Consommé Madrilène. — Faire tomber des tomates au beurre fortement relevées au Cayenne, céleris.

Ce consommé se sert généralement froid ; dans les repas de nuit, le servir en tasse.

Consommé froid. — Ce consommé est servi en tasse, très froid. Il doit être très corsé et doit faire une peu la gelée.

Consommé Canino. — Délayer de la farine avec œufs entiers, sel et muscade, de la consistance d'une pâte à frire fromagée, mettre la préparation dans une poche munie d'une petite douille ronde du diamètre d'un gros vermicelle et laisser couler dans le consommé bouillant, cinq minutes de cuisson.

Consommé Xavier. — Même préparation que le « Canino », mais non fromagé et laisser couler dans une passoire à gros trous en formant des gouttelettes.

Consommé Célestine. — Tailler des crêpes salées en Julienne.

Crêpes pour Consommé. — 50 grammes de farine, 2 œufs entiers, sel, poivre, muscade, lait, délayer le tout dans une terrine en y incorporant le lait peu à peu pour obtenir une préparation à peu près liquide.

Consommé Cooper. — Croûte-au-Pot fromagé et gratiné.

Consommé Dolorès. — Consommé au riz ; légèrement safrané, accompagné d'une Julienne de blanc de volaille.

Consommé Dubarry. — Consommé lié légèrement au tapioca, y ajouter de petites pointes de choux-fleurs.

Consommé Crécy. — Râper des carottes bien rouges, les cuire et les ajouter au consommé.

Consommé Princesse Alice. — Lier au tapioca une Julienne de cœurs d'artichauts, de laitues et de vermicelle.

Consommé Velours. — Consommé au tapioca, lier au moment de servir avec des jaunes d'œufs et un peu de crème double.

Consommé Diablotin. — Découper des petites rondelles de croûtes de pain, les passer dans le beurre fondu, placer sur chacune une couche de parmesan additionné de Cayenne, et faire gratiner, ajouter dans le consommé en le servant.

Consommé aux Pâtes. — Les consommés aux pâtes se font généralement tous à peu près de la même façon ; une cuillère à bouche de pâtes par personne et 10 minutes de cuisson ; sauf les vermicelles (cheveux d'anges) et les pâtes très fines, semoules, etc., où 5 minutes de cuisson suffisent.

Pour les tapiocas, sagou, cinquante grammes par litre de liquide et dix minutes de cuisson. Ces deux consommés doivent cuire très lentement.

Consommé au Riz. — Pour le consommé au riz, cuire ce dernier dans de l'eau pendant 7 à 8 minutes, le rafraîchir et terminer sa cuisson dans le consommé ; 17 minutes environ.

POTAGES MAIGRES

Il est de règle dans tous les potages maigres, avant toute préparation, de faire revenir au beurre, à la graisse ou à l'huile, ceci selon les goûts, une bonne mirepoix composée de : blancs de poireaux, oignons, céleris, carottes. Ceci dit, nous ne mentionnerons plus dans les divers potages maigres que nous allons énumérer ci-dessous, cette question de mirepoix. Nous indiquerons simplement les légumes, pâtes, etc., entrant dans ces potages, de façon à exposer brièvement et clairement nos formules.

Il est d'usage d'incorporer à ces divers potages un morceau de beurre en les servant, ainsi que des rondelles de pain grillé.

Les potages maigres qui contiennent des pommes de terre doivent être cuits à feu très vif.

Potage Paysanne. — Ce potage se compose de : carottes, navets, choux, haricots verts, quelques pommes de terre, mais en petite quantité; les légumes émincés finement en demi-lune, cuits à grande ébullition.

Potage Lyonnais. — Emincer des blancs de poireaux finement, les faire revenir légèrement dans le beurre, mouiller ensuite à l'eau et y ajouter des pommes de terre émincées.

Potage Jackson. — Ce potage se compose simplement de pommes de terre émincées grossièrement, passées au tamis, une fois cuites; y ajouter avant de servir des macaronis cuits à l'eau, coupés en petits dés. En général, ce potage doit être lié avec des jaunes d'œufs et de la crème ou, à défaut, avec du lait.

Avant d'être servi, une fois la liaison incorporée, le tenir au bain-marie pour qu'il ne reprenne pas l'ébullition.

Potage Andalou. — Pommes de terre émincées et tomates. Ces dernières doivent être trempées une minute dans de l'eau bouillante pour les peler; les couper en deux, les exprimer, les détailler en gros dés, et les mettre à revenir dans la mirepoix, lorsque celle-ci commence à prendre couleur et mouiller ensuite; 40 à 50 minutes d'ébullition à feu vif. Ce potage demande l'addition de poivre.

Potage Garbure. — Faire cuire toutes sortes de légumes où les choux doivent dominer, passer au tamis et servir avec petits croûtons de pain.

Garbure Toulousaine. — Comme le précédent, servir avec des profiteroles.

Potage Dartois. — Purée de haricots avec Julienne de légumes.

Potage Champenois. — Potage lié à la crème.

Parmentier. — Purée de pommes de terre beurrée avant de servir.

Potage de Santé. — Comme le Parmentier; mais, dix minutes avant de servir, y incorporer une chiffonnade d'oseille.

Eau bouillie. — Cette formule est généralement employée dans le Vaucluse.

Faire bouillir de l'eau avec sel, quelques gousses d'ail, une feuille de laurier, une petite branche de sauge — éviter que le goût de cet arôme domine — y ajouter quelques pommes de terre émincées très fines, mais en petite quantité (choisir surtout des pommes de terre fondantes) et cuire pendant trois quarts d'heure.

Couper des tranches de pain très minces, les ranger dans une soupière, les arroser de bonne huile d'olive et y verser le potage dessus. On peut facultativement lier ce potage avec des œufs battus.

Soupe de Potirons. — Faire passer légèrement au beurre, poireaux, oignons, carottes, tomates hachées, couper des potirons en gros dés, faire prendre un moment avec la mirepoix, mouiller à l'eau, cuire 35 minutes environ en y ajoutant du riz caroline cuit à 20 minutes.

Soupe Languedocienne. — Faire rissoler légèrement à l'huile oignons, poireaux, ajouter une gousse d'ail écrasée, quelques tomates épluchées et hachées, des haricots beurre et des pommes émincées; mouiller à l'eau, cuire à grande ébullition et saler.

Verser dans une soupière au préalable garnie de tranches de pain gratinées au four en y intercalant du fromage râpé par couche.

Soupe au Fromage. — Emincer des oignons, les faire revenir au beurre jusqu'à ce qu'ils soient bien dorés, les mouiller à l'eau ou au bouillon, sel, poivre, laurier, deux gousses d'ail.

Avoir soin avant de mouiller de faire rissoler une cuillère de farine avec les oignons, cette soupe devant être légèrement liée.

Garnir une soupière de tranches de pain grillé, y ajouter par couche du fromage râpé et des morceaux de gruyère émincés finement et gratiner au four.

Soupe de Poissons. — Emincer oignons, poireaux, les faire roussir légèrement à l'huile; ceci fait, y ajouter quelques tomates hachées, quelques gousses d'ail, mouiller, mettre à grande ébullition avec bouquet garni : laurier, fenouil, céleri et persil.

Ajouter des petits poissons de roche, quelques crabes pilés, cuire 30 minutes avec sel, safran et poivre de Cayenne; l'écumer de temps en temps. Passer ce potage au tamis fin en le pressant pour exprimer le suc du poisson, remettre le liquide à bouillir et y pocher de gros vermicelles.

Tous les poissons de roche sont utilisables pour cette soupe, le fiélas de préférence.

Elle doit être toujours accompagnée de fromage râpé et être un peu consistante.

Soupe aux Moules. — Mettre à cuire les moules dans une casserole couverte en les mouillant avec très peu d'eau. Laisser cuire 7 à 8 minutes.

Sortir les moules de leur coquille et verser dessus l'eau rendue, décantée.

Faire roussir à l'huile, blancs de poireaux, oignons hachés finement. Lorsque ces derniers sont suffisamment colorés y ajouter des tomates hachées; les passer deux minutes et mouiller à l'eau avec sel, poivre, safran, bouquet garni comme pour la soupe de poisson, deux gousses d'ail écrasées. Cuire du riz ou des vermicelles dans ce bouillon et y ajouter avant de servir les moules avec leur eau; (60 grammes de vermicelles par litre ou 70 grammes de riz.

Soupe de Poutina Niçoise. — Faites bouillir pendant quelques minutes dans de l'eau salée, un oignon piqué, de l'ail écrasé, laurier, fenouil et y incorporer la poutina qui doit cuire 8 minutes.

Au préalable, disposer dans une soupière des tranches de pain saupoudrées de parmesan et verser la soupe.

POTAGES GRAS

Potage Queue de Bœuf. — Faire braiser des os de bœuf, veau, avec une bonne mirepoix. Faire pincer à belle couleur; déglacer au vin blanc, madère, et mouiller au consommé avec bouquet de céleri, poireaux, carottes, tomates fraîches, ail, poivre, sel, girofle.

Dès qu'il est cuit, le passer et le faire dépouiller et le lier à l'arrow-rot légèrement. Le parfumer avec une infusion de marjolaine, sariette, sauge, basilic, Cayenne, Madère ou Sherry; y ajouter les morceaux de queue de bœuf coupés en petits dés, avec des petits morceaux de carottes, navets, cuits à l'eau salée.

La queue de bœuf se fait braiser à part ou, si l'on veut, se fait cuire avec le fond, sitôt cuite la désosser, la plier dans un linge avec un poids dessus pour l'aplatir et, dès qu'elle est refroidie, la couper en dés pour l'incorporer au potage.

Si, toutefois, le bouillon n'était pas bien clair, on pourrait le clarifier.

Potage Tortue. — Faire une bonne mirepoix comme pour le potage ci-dessus, avec : os de veau, bœuf et tortue, pieds de veau et morceau de jambon. Laisser pincer en y ajoutant de la farine que l'on fait roussir et mouiller ensuite au bouillon. Ce potage doit être lié. La cuisson terminée, retirer la chair et les nageoires de la tortue, passer le bouillon au linge, le lier à la fécule ou à l'arrow-rot et faire une infusion de marjolaine, sariette, sauge, basilic, madère et Cayenne. Ajouter, en servant, les morceaux de chair de tortue coupés en dés.

A défaut de tortue, on se sert de tête de veau avec des jaunes d'œufs cuits, finement hachés et passés au tamis. On confectionne de petites boules grosses comme des pois, que l'on ajoute en servant, pour imiter les œufs de la tortue

POTAGES A LA CRÈME

La façon de procéder pour les potages à la crème est, à peu près, la même pour tous.

Faire d'abord un roux au beurre sans le faire roussir, le mouiller ensuite avec un bouillon clair ou eau bouillante dans lequel on incorpore des abatis de volailles : cous, ailerons, carcasses et, à défaut, des os ou rognures de veau.

Ajouter à l'ébullition le légume comprenant ce potage.

Il faut environ deux heures de cuisson, le passer à un tamis très fin, le lier aux jaunes d'œufs et crème, ou, à défaut, au lait.

Une fois lié, il est essentiel de le mettre au bain-marie, pour éviter que les légumes cuisent et se désagrègent dans le potage.

Nous énumérerons donc tout simplement, dans les formules des diverses crèmes, les légumes qui les composent; le but de cet ouvrage étant de ne point obliger le lecteur à consacrer trop de temps à la lecture des formules. Ils n'auront donc qu'à se rapporter au commencement du chapitre pour la confection de ces diverses crèmes.

On doit toujours ajouter dans la cuisson du velouté des blancs de poireaux.

Tous les légumes formant la base de ces potages doivent être préalablement blanchis avant de les incorporer au velouté. Il serait préférable de les étuver au beurre; mais, le prix de revient de ces potages étant trop élevé et l'ouvrage étant particulièrement destiné aux maîtresses de maison et cuisinières, on peut se dispenser de cet étuvage au beurre.

Crème d'Orge. — Mettre à fondre du beurre, ou, à défaut, de la graisse végétale, 3 cuillerées à bouche environ, y ajouter autant de crème d'orge; faire revenir à blanc, verser petit à petit et en remuant bien; demi-litre d'eau bouillante ou de bouillon, autant de lait et laisser cuire doucement, 20 à 30 minutes; dégraisser, passer au tamis fin et y incorporer une cuillère à bouche de crème épaisse, quelques noisettes de beurre frais et, si l'on veut, un ou deux jaunes d'œufs (pour 6 à 8 personnes).

Toutes les crèmes de farines, de riz, d'avoine, de pois, de haricots, de lentilles, etc., que l'on trouve en paquets chez les bons épiciers peuvent se faire ainsi. Les paquets peuvent faire de 25 à 30 potages. Si l'on désire ces potages plus riches, plus corsés, on peut les laisser cuire, mais toujours très doucement, frémir disent les grands Maîtres de cuisine, pendant deux heures et demie à trois heures et demie, en y ajoutant dès le commencement, abatis de volailles, os ou rognures de veau crus, ensuite tous les légumes du pot-au-feu, forçant en poireaux et queues ou racines de persil, voire même un tout petit bouquet garni, sans ail. Ainsi faits, ces potages auront plus de fonds, mais conviendront moins aux estomacs délicats.

Mettre le fond blanc de veau ou de volaille à l'ébullition; dès qu'elle se produit, y ajouter la crème d'orge, délayée au préalable avec du lait et assez claire pour qu'elle se mélange bien avec le bouillon. Fouetter vivement en mélangeant la crème, faire la liaison avec jaunes d'œufs et crème au lait.

Deux heures de cuisson. Petits croûtons de pain coupés en petits dés passés au beurre en servant.

Crème Dubarry. — Cuire entièrement un chou-fleur, l'écraser ou le passer au tamis et l'ajouter au velouté. Conserver quelques petits dés de chou-fleur pour jeter dans le potage en servant.

Crème de Laitue. — Blanchir à grande eau salée les belles feuilles vertes d'une laitue pendant 4 à 6 minutes; égoutter, rafraîchir dans l'eau froide et les presser dans un torchon, ou entre les mains afin d'extraire toute l'eau. Hachées finement ou passées au hachoir, les mettre dans un roux préparé déjà avec beurre et farine, ou mieux, farine et moitié crème de riz. Bien mélanger le tout sur un feu doux durant 5 à 6 minutes, y ajouter petit à petit du lait bouillant qui peut être presque à moitié étendu d'eau ou de bouillon clair, laisser cuire très doucement, si possible à l'entrée d'un four, durant une heure à peu près. Passer au tamis fin et ajouter, hors du feu et quelques minutes avant de servir seulement, crème fraîche, beurre frais ou jaunes d'œufs selon le goût.

Ainsi se font tous les potages à légumes ou feuilles vertes, petits pois, épinards, feuilles tendres du céleri, etc., et même l'oseille si l'on veut.

Crème d'Asperges. — Eplucher bien les asperges et non les gratter seulement. Quand elles sont bien cuites, tailler les têtes et le haut tendre pour les mettre comme garniture dans le potage. Puis faire un roux avec moitié farine et moitié crème de riz, ou bien avec une sorte de très belle farine fine qui s'appelle fleur de gruau et que l'on trouve toute empaquetée comme les crèmes de : riz, orge, etc. dans les épiceries fines. On le mouille avec l'eau de cuisson des asperges. Au bout d'une heure de cuisson très lente, on ajoute les asperges passées et on finit ce potage très délicat comme les autres crèmes.

Ainsi se font les crèmes d'artichauts (mais il ne faut pas employer l'eau de leur cuisson), de céleri, de rave, de choux-fleurs, etc.

On fait aussi, avec le bouillon d'une poule, un Potage à la Reine, aussi bon que celui indiqué ci-contre, mais d'une confection bien plus simple. Si on peut se passer facilement des jaunes d'œufs pour les crèmes de légumes, il faudra ici en forcer plutôt, sans jamais oublier de finir avec un soupçon de muscade râpée et de poivre de Cayenne.

Tous ces potages, surtout le dernier, laissent le champ libre à la fantaisie. On peut y mettre comme garniture toutes les bonnes choses possibles : truffes, champignons, langue écarlate, jambon fin, ris de veau et d'agneau, volaille, etc. ; les garnitures dites : financières, printanières, fermières, etc., tout cela coupé en dés très fins ou en Julienne. Avec un peu de goût, on peut réunir plusieurs de ces garnitures et donner alors un joli nom quelconque, par exemple celui d'un convive ou d'un membre de la famille.

Crème de Céleri. — Emincer les céleris, les cuire et procéder comme ci-dessus.

Crème de Riz. — Opérer comme pour la Crème d'orge.

Crème d'Orge à l'Allemande. — Même procédé que la crème d'orge ; mais, cuire à part l'orge perlé que l'on incorpore, avant de servir, dans le potage.

Potage Reine. — Préparer un fond blanc suivant la formule déjà indiquée, laisser cuire à demi une volaille, ajouter, alors, 300 grammes de riz et cuire complètement le tout.

Retirer la volaille, enlever la peau et les chairs, en réservant un peu de poitrine pour couper en dés pour ajouter au potage en servant. Piler dans un mortier le restant des chairs avec le riz jusqu'à ce que cela forme une pommade consistante.

La passer ensuite au tamis en crin, la remettre en casserole en l'allongeant de fonds blancs ou de bouillon pour l'amener à la consistance d'une crème ordinaire, la lier et beurrer en servant.

Potage Reine Margot. — Même recette que ci-dessus, mais y ajouter un lait d'amandes douces.

Crème Châtelaine. — Emonder des artichauts, conserver le cœur que l'on cuit à part dans de l'eau salée délayée avec un peu de farine bien citronnée pour que les cœurs demeurent blancs ; blanchir une partie des feuilles que l'on cuit ensuite dans le velouté.

Ajouter, en servant, les fonds que l'on aura coupés en petits dés.

Bisque d'Ecrevisses. — 600 grammes d'écrevisses, 300 grammes de riz, un peu de cognac, vin blanc, 100 grammes de beurre, 3 litres de bouillon de poissons (à défaut bouillon ordinaire), crème double.

Laver les écrevisses, les assaisonner avec sel et Cayenne, faire une mirepoix de carottes, oignons, poireaux et céleri, les rissoler au beurre ; lorsqu'elle est colorée, y jeter les écrevisses, les sauter quelques minutes et les mouiller avec le cognac et le vin blanc. Les cuire, couvertes, 15 minutes.

Cuire le riz avec le bouillon de poisson, le tenir bien cuit.

Décortiquer les écrevisses et réserver quelques queues pour incorporer au potage en le servant.

Piler les autres au mortier finement, ajouter le riz, piler jusqu'à ce que le tout soit en pommade.

Passer cette purée d'abord au tamis en fer, puis à celui de crin ; la mettre en casserole en l'allongeant au bouillon pour l'amener à consistance ; finir le potage en ajoutant la crème double et un verre de fine champagne et les queues mises en réserves.

POTAGES ETRANGERS

Nous ne donnerons que quelques formules de potages étrangers, ces derniers étant susceptibles de ne pas être appréciés par les familles françaises, sauf les potages italiens, qui sont assez goûtés en Provence.

Minestrone (Italien). — Hacher du lard gras, le faire fondre ensuite dans une casserole avec de la graisse de porc ou de l'huile ; prendre un oignon et un poireau, les émincer assez fin et leur faire prendre couleur ; à ce moment, ajouter une ou deux gousses d'ail écrasées et des tomates concassées qu'on laisse réduire celles-ci de moitié et mouiller.

D'autre part, couper des légumes : carottes, navets, chou, pommes de terre et haricots blancs frais (à défaut de ceux-ci mettre des secs en les faisant cuire à moitié avant de les ajouter à la soupe). On peut également employer des haricots verts coupés en dés. Les légumes ci-dessus doivent être émincés. Sauge, cerfeuil et poivre. Pendant l'été, on peut y ajouter une courgette.

Quand la soupe est aux trois quarts cuite, y ajouter du riz ou de préférence des macaronis qui seront coupés en petits bouts.

Avant de servir, y ajouter du fromage râpé.

Mutton Broth (Anglais). — Faire un bouillon de mouton. Tailler des légumes en brunoise, carottes, navets, choux et céleris, faire revenir au beurre dans une casserole ; y ajouter avant de mouiller, de l'orge perlé — le plus petit possible — que l'on fait revenir quelques secondes avec la brunoise ; verser le bouillon et finir de cuire. Couper quelques morceaux de maigre de mouton que l'on ajoute au potage quand il est cuit.

Ox Tail (Anglais). — N'est autre que le potage queue de bœuf, cité plus haut.

Olla Podrida (Espagnol). — L'Olla Podrida est le pot-au-feu national espagnol. Faire un bouillon avec mouton, volaille, saucisses salées, lard maigre, jambon, chou, poireaux, pommes de terre, pois chiches, saler, poivrer et safraner. Dresser les légumes autour des viandes.

Mille Fanti (Italien). — Délayer 200 grammes de mie de pain, 150 grammes de parmesan râpé, avec cinq œufs entiers battus ; râper un peu de muscade. Verser dans une passoire à gros trous cette pâte et la laisser tomber dans du consommé bouillant. Ce potage est excellent.

CHAPITRE II

SAUCES

Les sauces étant la base de toute cuisine, il faudra porter toute son attention sur elles. Tant simplifiées qu'elles apparaissent dans ce nouveau livre, nous ne pouvons faire autrement, ne fût-ce qu'à titre de renseignements, que de parler un peu des sauces fondamentales, qui sont :

La sauce brune, dite « Espagnole » ;

La sauce blanche, dite « Velouté » ;

Et le grand Jus,

dont voici les recettes :

Sauce Espagnole. — Dans 100 grammes de beurre ou bonne graisse, même végétale ou huile, très chaude, incorporer 100 grammes de farine et faire, à feu très doux, un roux, en remuant très souvent jusqu'à ce qu'il ait atteint une belle couleur blonde foncée ; alors mettre carottes, oignon, poireau, coupés en tranches. Bien réunir le tout et laisser tel que sur le feu encore quelques minutes ; mouiller de deux à trois litres environ de bouillon de grand jus ou même d'un remouillage, qui s'obtient en remouillant un pot-au-feu, c'est-à-dire os et légumes y restant et en le laissant cuire quelques heures ; on peut y ajouter quelques légumes frais, os et débris de viande sans autre utilité.

Pour obtenir une sauce bien liquide et sans grumeau, il faut mouiller son roux d'abord avec le tiers de son liquide, remuer jusqu'à ce que le tout soit bien lisse et ajouter petit à petit le reste, toujours en remuant bien.

Laisser cuire 3 à 5 heures, avec un bon bouquet garni, quelques grains de poivre, tomates concassées, si possible, un peu de jambon cru ou lard maigre. Passer ensuite à travers un tamis très fin ou linge dit « étamine » ; remuer doucement pour refroidir et ajouter, la sauce étant encore tiède, une ou deux cuillères à bouche de bon madère.

Si l'on désire cette sauce plus fine, plus parfaite, semblable à celle que l'on appelle « demi-glacée » en haute cuisine, on la recuit le lendemain, avec une cuillère de purée de tomates et une noix de glace de viande, (mais sans avoir ajouté du madère la veille) durant une à deux heures ; on la passe au tamis fin.

Le Grand Jus. — Faire colorer, au four ou sur le fourneau, 2 kilos d'os de veau et de bœuf, ajouter une grosse carotte, 2 oignons coupés, queues de persil, céleri et bon bouquet garni contenant très peu de laurier; mouiller de 4 litres d'eau et laisser cuire doucement pendant 5 heures; l'eau doit être réduite de moitié, saler légèrement et passer encore une fois et on ajoute le madère avant refroidissement complet.

Sauce Veloutée. — Faire le même roux que pour l'« Espagnole », sans cependant lui laisser prendre couleur; mouiller avec un bon bouillon que l'on a préparé avec des os de veau, et, si possible, des abatis de poulet et de viande de veau. Cuire une à deux heures à feu très doux et ajouter les légumes comme au pot-au-feu. Bouquet garni, sans ail, ni laurier, ou soupçon seulement de poivre de Cayenne — pas plus qu'une petite tête d'épingle — passer au tamis très fin ou linge, remettre en casserole propre ou sauteuse et la réduire au grand feu durant dix minutes, en lui faisant absorber petit à petit une tasse à café de crème épaisse et une cuillère à bouche de beurre frais.

La Cuisinière qui sait conduire la préparation de ces trois sauces avec goût, grand soin et lenteur (l'odorat joue là le rôle de guide autant que la langue) sera partout considérée comme une personne très capable et aura sous la main une ressource précieuse notamment pour les jours de grand diner, puisque l'on peut les confectionner 2 ou 3 jours à l'avance.

Sauce Hollandaise. — Mettre deux jaunes d'œufs dans une casserole de moyenne grandeur, ajouter une bonne cuillère de bonne crème et 125 grammes de beurre divisé en petits morceaux. Assaisonner avec sel et poivre, fouetter au bain-marie jusqu'à ce que la sauce commence à épaissir. La retirer du feu et continuer de la fouetter deux minutes, mettre un jus de citron.

Comme cette formule est d'un prix de revient assez élevé, nous allons donner ci-dessous une formule moins coûteuse pour les familles bourgeoises.

Sauce Hollandaise Bâtarde. — Amalgamer 60 gr. farine et autant de beurre fondu. Mouiller d'un seul coup avec un litre d'eau bouillante. Sel. Porter à l'ébullition et lier de 4 à 5 jaunes d'œufs. Passer au linge et tenir au bain sans bouillir. 100 gr. de beurre frais à mélanger dans la sauce avant de servir, et un jus de citron.

Sauce Hollandaise (autre formule). — Faire infuser et réduire quelques grains de poivre écrasés dans une cuillerée

de vinaigre et une cuillerée d'eau. Aux trois quarts de la réduction, ajouter deux jaunes d'œufs, les cuire lentement et
monter avec 200 grammes de beurre, au coin du feu, ou
mieux au bain-marie. Une pincée de sel et un soupçon de
Cayenne. Passer dans une mousseline ou un linge fin. Ajouter un filet de citron avant de servir.

Tenir à chaleur douce pour éviter qu'elle ne tourne.

Fonds de Veau. — Prendre des os de veau et un morceau
de jarret, les faire colorer au four en y ajoutant une bonne
mirepoix. Laisser passer le tout ensemble, ajoutez tomates
fraîches, à défaut sauce tomates, laisser réduire quelques
minutes et déglacer au vin blanc. Dès la réduction terminée, mouiller à l'eau ; thym, laurier, deux gousses d'ail.

Laisser cuire pendant trois heures. Passer au tamis et
débarrasser dans une terrine. S'en servir au fur et à mesure des besoins, saler légèrement.

Le fonds de veau peut être, à la rigueur, remplacé par de
l'eau ou du bouillon.

Sauce Allemande. — Réduire un demi-verre de vin blanc
avec du poivre concassé. La réduction terminée, y ajouter
un ou deux litres de velouté, cinq jaunes d'œufs et les réduire
à la spatule jusqu'à ce que la sauce soit bien onctueuse. Là
passer au linge ou au tamis très fin. On doit la finir avec de
la crème.

Sauce Anchois. — Préparer une sauce Hollandaise et y
mélanger une purée d'anchois.

Sauce Aurore. — Sauce Béchamel, à laquelle on ajoute
une cuillerée de sauce tomates pour lui donner une couleur rosée. Cette sauce est surtout pour les œufs.

Sauce Bercy. — Préparer quelques échalotes finement hachées, les mettre dans une petite casserole avec un peu de
vin blanc. Laisser réduire, y ajouter de la glace de viande
ou, à défaut, du bon fonds de veau avec persil haché, un bon
morceau de beurre et jus de citron.

Cette sauce est pour les grillades et les poissons grillés.

Béarnaise Bâtarde. — Cet ouvrage étant principalement
rédigé pour les ménagères, nous ne mentionnerons point la
formule de la véritable « Béarnaise », qui est trop compliquée et d'une réussite assez difficile.

Hacher finement quelques échalotes, les mettre dans une
petite casserole, avec poivre écrasé, branches et feuilles d'estragon et cerfeuil ; ajouter une cuillère de vinaigre. Faire
réduire sur le feu jusqu'à la réduction complète. Retirer la
casserole du feu, ajouter deux ou trois jaunes d'œufs, selon

la quantité qu'il faut de Béarnaise, et les cuire en les fouettant vivement. Dès qu'ils sont en pommade, ajouter une ou deux cuillerées de Béchamel, laisser mijoter deux ou trois minutes et passer au linge. Incorporer estragon, cerfeuil haché, jus de citron. Cette sauce sert principalement pour les grillades.

Sauce Bigarade. — Enlever le zeste d'un citron et d'une orange, les tailler en Julienne, les blanchir une minute et les refroidir.

Faire toucher un peu de sucre en caramel dans une petite casserole, y ajouter du bon fonds de veau, le jus d'une demi-orange et les zestes blanchis, taillés en Julienne.

Laisser cuire cinq minutes et retirer de côté jusqu'au moment de servir.

Cette sauce accompagne toujours les canetons, sarcelles, etc. Quelques praticiens y ajoutent un verre de curaçao en servant.

Bordelaise. — Hacher finement deux échalotes, les réduire dans une petite casserole avec un verre de vin rouge, du thym et du laurier.

Dès que la réduction est accomplie, ajouter du fond de veau lié. Faire réduire sur le fourneau. Mettre de côté en y ajoutant des petits dés de moelle, du persil haché, du jus de citron et du beurre.

Cette sauce doit être relevée par une pointe de Cayenne, elle sert pour les viandes grillées et les poissons. Supprimer la moelle lorsqu'elle est destinée au poisson.

Bread Sauce. — Très appréciée par les Anglais, qui ne mangent aucun rôti de gibier sans qu'il soit accompagné de cette sauce.

Tamisez de la mie de pain fraîche que vous délayez dans du lait et que vous mettez à cuire ensuite avec : sel, pointe de Cayenne, oignon piqué et beurre. Elle doit être un peu consistante.

Sauce Bretonne. — Faire revenir au beurre : oignon haché, lard maigre coupé en dés, quelques tomates concassées, ail, laurier, thym. Mouiller avec du fond de veau. Laisser cuire quarante minutes, passer au tamis.

Cette sauce s'utilise pour les légumes secs : haricots blancs, lentilles, etc.

Sauce Câpres. — Sauce blanche dans laquelle on incorpore au dernier moment quelques câpres. Sert généralement pour les poissons bouillis.

Pour le gigot de mouton à l'anglaise, la sauce câpres se fait de la façon suivante :

Faire un roux au beurre, le mouiller avec le bouillon du gigot. Cuire 15 minutes, la passer, y incorporer les câpres. Servir à part avec le gigot. (Voir le gigot à l'Anglaise.)

Sauce Chasseur. — Emincer des champignons de Paris, les faire sauter au beurre, ajouter de l'échalote hachée et mouiller au vin blanc. Faire réduire et incorporer du fonds de veau, de la sauce tomates, du persil et de l'ail haché.

Sauce Colbert. — Beurre moitié fondu, jus de citron, fond de veau ou glace de viande, sel, poivre, persil haché.

Cette sauce sert spécialement pour les poissons panés.

Sauce Crème. — La sauce crème est tout simplement une béchamel que l'on additionne de crème double.

Sauce Chaud-Froid blanche. — Préparer un velouté, la réduire, y ajouter quelques feuilles de gélatine fondue selon la quantité (4 ou 5 feuilles par litre généralement). Lorsqu'elle nappe la cuiller, la retirer, y ajouter de la crème et passer au linge.

On s'en sert pour masquer des morceaux de volaille cuite. L'employer avant qu'elle se soit solidifiée.

Sauce Chaud-Froid Brune. — Sauce salmis à laquelle on aura ajouté cinq feuilles de gélatine fondue par litre.

Elle sert à masquer les gibiers.

Sauce Diable. — Echalotes hachées, réduites au vin blanc et vinaigre, poivre de Cayenne et bouquet garni. La réduction terminée, mouiller au fonds de veau, sauce tomates, et faire un peu réduire sur le fourneau et passer.

Sauce Financière. — Réduction de madère, fonds de veau, garniture truffes, champignons, quenelles, olives vertes, crètes et rognons de coq. Sert principalement pour les vol-au-vent, ris de veau, volailles.

Sauce Diplomate. — Sauce crème, au beurre d'écrevisses et purée d'anchois.

Sauce Fruits de Mer. — Hollandaise au fumet de poisson, glace de viande, huîtres, moules et crevettes.

Sauce Grand Veneur. — Sauce poivrade liée au sang de gibier, avec truffes.

Sauce Genevoise. — Faire rissoler une mirepoix, une gousse d'ail, laurier, fenouil, côtes de persil et ajouter des têtes de poissons coupées en morceaux.

Faire revenir, mouiller au vin rouge et faire réduire sur le feu ; ajouter sel, poivre, allonger au bouillon, la lier au beurre manié, la passer au tamis et la finir au beurre avec jus de citron.

Sauce Madère. — Fonds de veau parfumé au madère.

Sauce Maître d'Hôtel. — Beurre frais, en pommade, sel, poivre, persil haché et jus de citron. Sert pour les grillades et les poissons.

Sauce Mornay. — Béchamel avec fromage râpé ; ramollir avec de la crème ou du lait. Si cette sauce doit accompagner un poisson, il faut toujours ajouter le fumet de ce dernier.

Sauce Mousseline. — Sauce hollandaise, additionnée, au dernier moment, d'une crème fouettée.

Elle accompagne les poissons et les légumes bouillis.

Sauce Nantua. — Sauce crème à laquelle on ajoute du fumet de poisson et que l'on finit avec un beurre d'écrevisses, garniture queues d'écrevisses. Elle accompagne les poissons bouillis.

Sauce Périgueux. — Truffes hachées, réduites avec madère, fonds de veau. Cette sauce accompagne les volailles et les gibiers rôtis.

Sauce Piquante. — Hacher des échalottes, câpres, cornichons, ajouter du vinaigre et faire réduire presque complètement. Fonds de veau et sauce tomates. Cuire 10 minutes. Elle sert surtout pour les langues, le porc.

Sauce Poivrade. — Faire une bonne mirepoix, cayenne, ail, persil, thym et laurier. Ajouter des débris de gibiers, mouiller avec un peu de marinade dans laquelle a mariné le gibier. La réduire, ajouter du fonds de veau. Cuire une heure, la passer, la beurrer et la poivrer fortement.

Sauce Homard. — Sauce crème, finie au beurre de homard et dés de homard.

Sauce Maximilienne. — Sauce hollandaise, parfumée à l'essence d'anchois.

Sauce Poulette. — Préparer un velouté, le lier au jaune d'œuf et garnir la sauce avec de petits oignons cuits à l'eau salée et des champignons émincés.

Elle sert généralement pour les pieds de mouton et les grenouilles.

Sauce Riche. — Hollandaise au beurre d'écrevisses, queues d'écrevisses et truffes.

Sauce Raifort. — Cette sauce sert principalement pour accompagner des viandes bouillies, volailles.

Râper du raifort que l'on incorpore dans un bon velouté.

Sauce Ravigote. — Hacher finement cornichons, câpres, oignons, œufs durs, persil, cerfeuil. Mélanger le tout avec sel, poivre, moutarde, huile et vinaigre.

Cette sauce est utilisée pour la tête de veau, viandes froides.

Sauce Suprême. — Préparer un bon velouté avec un fonds de veau, volaille ; le faire réduire et le finir avec de la crème double, beurre, jus de citron.

Sauce Toulousaine. — Sauce Allemande, avec garniture de : truffes, champignons, ris de veau, foies de volailles, crêtes et rognons de coqs.

Elle accompagne les vol-au-vent, ris de veau, volailles pochées.

Sauce Venaison. — Est tout simplement une sauce poivrade, à laquelle on ajoute de la gelée de groseilles.

Sauce Vénitienne. — Faire blanchir de l'estragon, cerfeuil, persil, épinards.

Presser le tout dans un linge, piler au mortier, la passer ensuite au tamis fin et mélanger avec une sauce vin blanc ou avec de l'Allemande.

Sert pour les poissons, les œufs et les volailles.

Sauce Soubise. — Emincer des oignons, les faire revenir à feu doux dans le beurre, les mouiller à l'eau et sel. Dès la cuisson terminée, les passer au tamis et les mélanger à la sauce béchamel.

Sauce Salmis. — Faire braiser, avec une mirepoix, du gibier : bécasses, grives, canards, sarcelles, etc. Dès qu'il est cuit, enlever les carcasses et les hacher ; les mettre dans le fonds et déglacer avec un verre de cognac.

Mouiller avec du bon vin rouge que l'on fait réduire. Ajouter du fonds de veau, une gousse d'ail, thym, laurier et poivre. Laisser cuire environ vingt minutes. Passer ensuite le fonds au tamis. Garniture : champignons, truffes, croûtons.

Sauce Saupiquet ou Pauvre Homme. — Cette sauce sert spécialement pour les rôtis de gibier : levraut, lapereau, râble du lièvre.

Hacher finement une échalotte et la faire revenir une minute au beurre et lard finement hachés. Ajouter le foie du lapereau, le faire revenir, y incorporer câpres hachés, un anchois, pointe d'ail, une cuillère fonds de veau et le fonds du gibier rôti, avec thym, laurier, sariette, poivre. Servir à part dans une saucière.

Cette sauce doit être assez épaisse.

Sauce Tomates. — Faire passer dans une casserole : oignons, carottes et lard maigre. Lorsque ces ingrédients ont pris couleur, ajouter une cuillère de farine, la laisser cuire quelques minutes en la remuant. Ajouter du bouillon ou du jus, laisser cuire pendant une heure, avec ail, laurier, sel et poivre et passer au tamis.

Procéder de la même façon avec des tomates fraîches. Une heure de cuisson de plus dans ce cas.

SAUCES FROIDES

Sauce Mayonnaise. — Deux jaunes d'œufs, 2 décilitres d'huile (plutôt un peu plus) donnent une mayonnaise pour six à huit personnes.

Mettre en terrine les jaunes avec un filet de citron et un quart de cuillère à café de moutarde, pincée de sel et soupçon de poivre blanc ou mieux rouge dit de Cayenne. Réunir le tout au fouet ou cuillère en bois et y laisser couler, petit à petit et en remuant continuellement, l'huile, ni trop froide, ni trop tiède.

Il ne faut pas verser trop d'huile à la fois et la verser surtout tant que les jaunes d'œufs l'absorbent bien.

Si l'on voyait que les deux éléments ne se réunissent plus, il faudrait immédiatement s'arrêter de verser l'huile, continuer à remuer jusqu'à l'absorption complète de cette dernière et verser ensuite, petit à petit, le reste.

Si la sauce devenait par trop épaisse, il faudrait y ajouter du jus de citron ou du vinaigre ou une petite cuillère d'eau fraîche.

Avec des œufs frais et une très bonne qualité d'huile — procédant ainsi qu'il est indiqué plus haut — il est impossible de râter la Mayonnaise. Si cela arrivait cependant, il faudrait mettre un autre jaune d'œuf dans une seconde terrine et y verser avec une cuillère à café, c'est-à-dire petit à petit et au fur et à mesure de l'absorption, la mayonnaise manquée.

Mayonnaise de Poissons. — Tailler une laitue en grosse Julienne, l'assaisonner avec sel, poivre, vinaigre. La dresser en dôme sur un plat. La recouvrir avec du poisson escalopé (se fait avec n'importe quel poisson) mais principalement avec du saumon, langouste, merlan, cabillaud, etc. Saucer le poisson avec de la mayonnaise, décorer la surface avec filets d'anchois, câpres, cornichons, olives vertes dénoyautées. Autour, des quartiers de cœur de laitue et des quartiers d'œufs durs.

Sauce Marseillaise. — Mayonnaise à laquelle on ajoute la partie rougeâtre de l'intérieur de l'oursin, passée au tamis fin.

Sauce Tartare. — Hacher câpres, cornichons, les presser pour en extraire le vinaigre et les mélanger dans une mayonnaise avec persil et cerfeuil.

Elle sert principalement pour les poissons grillés, bouillis, frits, les viandes froides, etc.

Sauce Verte. — Faire blanchir quelques feuilles d'épinards avec cerfeuil, persil et estragon. Egoutter, rafraîchir, sécher et passer au tamis fin. Ensuite, l'ajouter à de la mayonnaise.

Pour donner un goût plus vif à cette sauce, excellente pour poissons froids, œufs durs, langouste, etc., on hache finement de la ciboulette, de l'estragon et du cerfeuil crus et on les mélange à la sauce.

Aïoli. — Piler finement cinq ou six gousses d'ail, ajouter un jaune d'œuf cru et procéder ensuite comme pour la mayonnaise, saler, jus de citron facultatif.

En Provence, on supprime souvent les œufs, mais on met alors un peu plus d'ail.

Sauce Crabe à l'Huile. — Cuire un crabe femelle. Pour le cuire on le met à bouillir une demi-heure dans de l'eau vinaigrée avec sel, poivre en grains et laurier.

Sortir les œufs et les parties excrémentielles que l'on mélange avec la chair contenue dans les pattes et piler au mortier ; ensuite, y incorporer deux anchois, deux jaunes d'œufs, cuits durs, une cuillerée de moutarde en poudre, le jus d'un citron, sel et poivre. Passer le tout au tamis et mettre dans une terrine en y ajoutant, peu à peu, un verre d'huile. Ajouter, à la fin, du persil et du cerfeuil hachés.

Nettoyer la carapace du crabe et servir la sauce dedans.

CHAPITRE III

POISSONS

Nous commencerons ce chapitre par les Poissons bouillis, en donnant la formule pour les cuire.

Il est inutile de répéter que chaque poisson doit être vidé, écaillé, etc.

Le temps, l'expérience, sont des guides sûrs pour la durée de la cuisson (10 minutes à la livre environ). Sitôt que le poisson est cuit à point, il nage et vient à la surface de l'eau, les yeux se détachent de la tête et la peau s'enlève facilement.

Inutile de faire un court bouillon à part. On peut très bien garnir le fond de la casserole ou poissonnière avec les légumes finement coupés ; ajouter beaucoup de queues de persil, un fort bouquet garni, couvrir tout cela de gros sel et y poser le poisson à cuire. Remplir d'eau froide et faire entrer en cuisson doucement.

COURT-BOUILLON

Mettre dans une casserole : oignons, carottes émincées, laurier, poivre en grains, filet de vinaigre, sel. Laisser cuire 30 minutes. Passer cette cuisson sur le poisson. Dès qu'il va prendre l'ébullition, l'écumer soigneusement, le retirer ensuite sur le côté du feu tout en maintenant un léger frémissement, selon la grandeur de la pièce, durant 6 à 12 minutes.

Pour le turbot et la barbue, on ajoute au court-bouillon du lait et du jus de citron.

Pour les crustacés, les cuire simplement dans de l'eau salée.

On doit toujours servir avec les poissons bouillis des pommes nature, cuites simplement à l'eau et au sel. Le dressage de ces poissons a lieu sur serviettes.

La sauce est toujours servie à part dans une saucière. Il est spécialement recommandé de laisser refroidir le court-bouillon avant de mouiller le poisson, pour éviter que la peau s'enlève et détériore le poisson qui se sert généralement entier.

Poissons de mer que l'on sert généralement bouillis : loup, turbot, cabillaud, saumon, mulet.

Poissons d'eau douce : Truite, brochet, aigrefin.

SOLES ET FILETS DE SOLES

On peut employer la sole entière aussi bien que les filets; mais, pour la cuisine de famille il vaut mieux employer la sole entière.

Retirer les filets en faisant une incision à la naissance de la queue, gratter la peau à l'incision et tirer jusqu'au bout. Faire de même sur l'autre face; couper la tête.

Il ne vous reste plus qu'à lever les filets au moyen d'un couteau flexible, en prenant une ligne droite de la tête à la queue. De cette façon, on aura quatre filets que l'on parera pour leur donner une forme homogène.

Sole frite. — Votre sole, parée de la peau, comme il est indiqué ci-dessus, la passer dans le lait et la farine en lui brisant l'arête.

La plonger à la friture chaude. Servir avec tranches de citron et persil frits sur serviette.

Sole Colbert. — Faire une incision à votre sole; comme si on voulait retirer les filets, écarter avec les doigts les filets, briser l'arête aux deux extrémités. Rabattre les filets.

Assaisonner sel, poivre, passer à la farine dans l'œuf battu et la mie de pain. La plonger dans la friture 6 à 8 minutes. La retirer, lui enlever l'arête. Dresser avec une maître d'hôtel additionnée avec un peu de glace ou un peu de fonds de veau.

On peut également la cuire au four, au beurre, c'est un peu plus dispendieux, mais c'est beaucoup plus apprécié.

Sole Normande. — La sole nettoyée, débarrassée de ses peaux, la pocher dans un plat beurré, moitié vin blanc, moitié fumet de poisson.

Préparer dans une petite casserole un morceau de beurre, faire un petit roux avec du fumet de poisson, sel, poivre, muscade. Faire réduire le fumet de la sole et l'ajouter à votre velouté. Faire prendre l'ébullition. Lier aux jaunes d'œufs, jus de citron. Chauffer pour lier, sans bouillir et passer à l'étamine. Avoir bien soin d'incorporer le velouté petit à petit avec les jaunes, pour éviter de les brousser. Garniture : huîtres, champignons, truffes, moules, goujons frits, croûtons et écrevisses en bordure; les goujons en bouquet. Le restant de la garniture doit être ajouté à la sauce que l'on nappe sur la sole. Un cordon de glace de viande en servant.

Sole Normande. (Autre Recette). — Mêmes apprêts que la sole normande ordinaire. La seule différence consiste en ceci :

Faire pocher la sole, y ajouter un lit de pommes-reinettes. La sole est ainsi préparée comme sur les côtes normandes.

Sole Bonne Femme. — Placer la sole dans un plat bien beurré, l'accompagner d'échalotes hachées et quelques champignons émincés ; la mouiller avec moitié vin blanc et moitié fumet de poissons ; un jus de citron et du beurre. Cuire au four, l'arroser de temps en temps et la laisser réduire aux trois quarts. Saupoudrer de persil en servant. On peut y ajouter une cuillère de fonds de veau.

Sole Bonne Femme (Autre Formule). — Mettre une sole comme ci-dessus, avec échalotes hachées et persil, jus de citron, sel, poivre, un atome de muscade. Mouiller au vin blanc. Faire pocher au four. Sitôt la cuisson terminée, la retirer du fourneau. Faire prendre sa cuisson à ébullition. Pendant ce temps, incorporer, petit à petit, des morceaux de beurre jusqu'à ce que le fonds se forme en liaison et le servir immédiatement pour éviter qu'il ne tombe en huile. La sole ainsi préparée doit être cuite au moment de la servir.

Sole au Vin Blanc. — Pocher la sole avec du vin blanc et du fumet de poissons.

Faire un velouté, comme il est indiqué plus haut, avec sel, poivre, muscade, et lier aux jaunes. Verser la sauce sur la sole avec croûtons autour.

Sole Dieppoise. — Traiter comme la sole au vin blanc, y ajouter, comme garniture, des moules, des queues de crevettes et des champignons.

Filets de Sole Cardinal. — Les filets sont pochés et nappés d'une sauce au vin blanc et servis avec des lames de homard, truffes et cordon de sauce tomates.

Sole Bercy. — Traiter la sole avec : échalotes hachées, vin blanc et fumet, jus de citron, glace de viande et beurre. Assaisonner avec poivre et sel et cuire au four. La cuisson terminée, retirer la sole, la dresser sur un plat. Réduire la cuisson et y ajouter une cuillerée de sauce hollandaise. Napper la sole et la glacer au four.

Filets de Sole Marinière. — Faire pocher les filets au vin blanc, avec jus de citron, fumet de poissons et échalotes hachées. Faire réduire la cuisson, y ajouter de la sauce vin blanc, moules. Napper et saupoudrer de fines herbes en servant.

Sole Mornay. — Pocher la sole selon la formule et faire réduire le fond. Ajouter à une sauce Mornay. Napper et saupoudrer de fromage et faire gratiner.

Filets de Sole Waleska. — Pochés, intercalés avec une escalope de homard. Saucer avec une Mornay au beurre de crevettes. Glacer au four. Lames de truffes.

Filets de Sole Jean-Bart. — Pliés, pochés au vin blanc, sauce vin blanc ; comme garniture : des crevettes, des truffes, des moules et des champignons.

Bordure de moules à la Mornay glacées dans leur coquille.

Sole Cancale. — Filets pochés sauce vin blanc, garniture huîtres.

Barquettes de Filets de Sole Américaine. — Préparer une langouste à l'américaine, selon la méthode habituelle. Egoutter les morceaux de langouste, décortiquer les parties de la queue et les détailler en autant d'escalopes que l'on a de filets de soles. Décortiquer le restant du crustacé et détailler en dés de grosseur moyenne toute la chair retirée. Mettre ces dés de langouste dans une petite sauteuse, les lier avec la sauce américaine, tenue assez serrée.

Conserver ce salpicon au chaud, sans le laisser bouillir.

Lever huit beaux filets de soles, les aplatir, les parer, les masquer sur un côté de farce de quenelles de brochet à la crème ; mettre sur chaque filet une escalope de langouste et replier les filets. Les faire pocher au vin blanc, les égoutter et les conserver au chaud avec la cuisson. Préparer une sauce normande.

Garnir avec le salpicon à l'américaine le fond des barquettes en pâte assez fine, préparées dans des moules assez grands pour pouvoir bien contenir les filets de soles.

Mettre un filet de sole dans chaque barquette. Nappez avec la sauce normande bien chaude et faire vivement glacer au four très chaud.

Dresser sur serviette.

BOUILLABAISSE

Les poissons à employer pour la bouillabaisse sont : la rascasse, la baudroie, le chapon, la murène, le grondin, le merlan, le congre, la langouste, le saint-pierre. Il n'est pas utile, certes, d'employer tous les poissons indiqués ; il s'agit d'en faire un choix judicieux.

Mettre le poisson dans une casserole spéciale, haute, évasée, emboîtant bien dans le fourneau, afin d'obtenir une plus grande chaleur.

Mettre d'abord au fond, de l'ail, des tomates concassées, poireau, oignons hachés grossièrement, fenouil, laurier, bouquet de persil, sel, poivre, safran, pointe de Cayenne et surtout de la bonne huile d'olive. Mettre sur les légumes d'abord les poissons durs à cuire : langouste, fiélas et rascasse, ajouter les poissons blancs quand les premiers sont à mi-cuisson.

Mouiller à l'eau bouillante à hauteur des poissons. Cuire 15 minutes à grande ébullition.

Préparer des tranches de pain que l'on aura préalablement passé au four pour les sécher légèrement. Dresser les tranches dans une soupière, verser le bouillon à travers une passoire. Dresser le poisson sur un plat et saupoudrer de persil en servant.

Bouillabaisse (Autre Formule). — Passer légèrement à l'huile : oignons, poireaux et *tomates* concassées. Mouiller, assaisonner avec sel, poivre de Cayenne, safran, laurier, fenouil et ail. Ajouter les têtes de poissons, parures, etc.

15 minutes environ de cuisson.

Passer ce bouillon sur le poisson et faire bouillir vivement 15 minutes comme l'indique la formule ci-dessus et dresser de même.

Bouillabaisse de Morue. — Faire passer à l'huile, oignons, poireaux et tomates. Mouiller et ajouter de l'ail, du persil, du laurier, du fenouil du sel (petite quantité) du poivre et du safran.

Eplucher quelques pommes de terre émincées assez grossièrement. Lorsqu'elles sont cuites aux trois quarts, incorporer votre morue et finir de cuire. Tremper des tranches de pain avec le bouillon et servir la morue et les pommes ensemble.

Bourride. — Pour la bourride, il ne faut se servir que de poissons blancs : baudroie, merlan, loup, dorade, etc.

Les couper à tranches, les cuire dans un court-bouillon, avec : oignons émincés, laurier, fenouil et ail. Mouiller à l'eau (que les morceaux soient bien couverts) et cuire 15 minutes.

D'autre part, faire un aïoli, sans trop forcer le goût de l'ail. Humectez les tranches de pain un peu séchées au four. Ajoutez dans l'aïoli quelques jaunes d'œufs et verser quelques cuillerées de court-bouillon. Remettez sur un feu doux en le remuant constamment avec une spatule en bois. Dès qu'il commencera à s'épaissir en masquant la cuillère, retirer et verser aussitôt sur les tranches. En réserver suffisamment pour en napper le poisson.

POISSONS GRILLÉS

Les poissons grillés doivent être huilés et assaisonnés, avant d'être mis sur le gril.

Le feu doit être ardent pour les petits poissons, un peu moins pour les gros. Ils sont généralement cuits sur des côtes de fenouil sec, ce qui leur donne un léger parfum.

On doit les cuire de chaque côté.

Toutes les sauces des poissons grillés doivent être servies à part.

Loup grillé sauce Tartare. — Voir sauce Tartare au chapitre des sauces.

Dorade grillée Tyrolienne. — Grillée avec une sauce tyrolienne servie à part en saucière.

Sardines grillées Maître d'Hôtel. — Griller les sardines selon la formule et les servir avec une sauce maître d'hôtel.

Thon grillé Remoulade. — Même formule que les précédents.

Maquereaux grillés Provençale. — Les griller sur plaque au four. Les servir avec une sauce maître d'hôtel, des tomates et une pointe d'ail.

Rouget à la Niçoise. — Ecailler les rougets, les assaisonner avec sel, poivre, et les enfariner. Avoir ensuite de l'huile chaude dans une poêle et les frire. Les coucher ensuite sur une plaque préalablement huilée, placer sur chaque rouget une tranche de tomate crue, assaisonnée avec sel, poivre, huile, et les finir de cuire au four.

Préparer des rouelles de citron épluché à vif et enrouler sur ces rouelles un filet d'anchois dans lequel on place une olive verte désossée.

Mettre le tout sur les rougets dressés sur un plat. Saupoudrer de persil et relever d'un jus de citron au moment de servir.

Rouget grillé Provençale. — Frire le rouget écaillé et le dresser sur un plat.

Préparer, d'autre part, des tomates concassées, que l'on fait revenir à l'huile dans une casserole avec une gousse d'ail hachée, deux filets d'anchois, une cuillerée fonds de veau, des câpres et du persil. Recouvrir le rouget de ce ragoût et le passer une minute au four avant de servir.

SARDINES

Sardines grillées. — Même procédé que pour les autres poissons.

Sardines à la Provençale. — Huiler un plat à gratiner, placer les sardines assaisonnées de sel et poivre. Arroser d'huile et saupoudrer de chapelure. Deux minutes avant de les retirer du four, jeter dessus ail et persil finement hachés.

Sardines à la Provençale (autre formule). — Passer les sardines dans la farine, assaisonnées de sel et de poivre. Les cuire dans une poêle comme les poissons à la Meunière, y ajouter de l'ail écrasé, feuille de laurier et une ou deux tomates concassées. Les faire bien colorer et les servir saupoudrées de persil haché.

Sardines grillées Maître d'hôtel. — Les griller, selon le procédé et les servir avec une sauce Maître d'hôtel.

Sardines farcies aux Epinards. — Préparer les épinards, selon les règles ordinaires édictées au chapitre des légumes.

Couper les têtes des sardines, enlever les filets que l'on étend sur un linge et assaisonner avec sel et poivre.

Avoir soin, en cuisant les épinards, d'en réserver une petite quantité que l'on fait revenir au beurre ou à l'huile jusqu'à ce qu'ils aient complètement rendu leur humidité, hacher finement une gousse d'ail avec sel poivre, muscade, un œuf ou deux, selon quantité et mélanger aux épinards.

Etendre cette farce sur les filets que l'on roule ensuite. Dresser au fond d'un plat à gratin une couche d'épinards, y placer les filets farcis, les saupoudrer de chapelure, huiler et gratiner au four.

THON

Même formule que pour les poissons Meunière.

Thon grillé Maître d'Hôtel. — Même procédé que pour les poissons grillés.

Thon grillé Sauce Tartare. — Servir avec une sauce Tartare.

Thon à la Provençale. — Même procédé que pour les sardines.

Thon à la Chartreuse. — Faire blanchir une rouelle de thon. La cuire dans un sautoir à l'huile, avec des tranches d'oignons, carottes en rouelles, ail, laurier, sel et poivre. Faire rissoler des deux côtés à petit feu. Lorsqu'il est légèrement coloré ; mouiller avec un bon verre de vin blanc, jus de citron et ajouter quelques laitues, de l'oseille et quelques branches d'épinards. Quelques vieux cuisiniers d'autrefois y ajoutaient des rouelles de tomates. Lorsque le vin blanc est réduit, mouiller au bouillon et bien couvert au four laisser cuire au moins deux heures à feu modéré.

Thon Bonne Femme. — Faites revenir une rouelle de thon dans de la bonne huile. Quand elle est colorée la retirer. Faire revenir dans l'huile un oignon hâché, des tomates concassées et additionner le tout d'un verre de vin blanc. Laisser réduire et ajouter le thon ; le cuire trois quarts d'heures et, au dernier moment, lier le fonds en y ajoutant quelques câpres.

TRUITES

Truites Meunière. — Passer les truites dans la farine, les jeter ensuite dans une poële au beurre bien bouillant. Lorsque les truites sont cuites d'un côté, les retourner et les finir de cuire au four, sel. Les dresser dans un plat avec jus de citron et persil concassé grossièrement.

Mettre un morceau de beurre dans une petite poële, le faire devenir noisette et le verser sur les truites, en servant.

Truites au Bleu. — Faire un court bouillon au vinaigre, bien assaisonné et un jus de citron. Plonger les truites dans ce court-bouillon, les tenir dans un coin du feu sans qu'elles bouillent. Les cuire dix minutes environ.

Servir dans leur court-bouillon et toujours accompagnées d'une sauce mousseline, hollandaise ou beurre fondu. Les truites doivent être, autant que possible, vivantes.

Truites à la Russe. — Cuire la truite dans un court-bouillon, la laisser refroidir dans sa cuisson ; ensuite, la dresser sur un plat et enlever la peau sur tout le long.

La couvrir d'une couche de gelée moitié prise.

D'autre part, cuire séparément, à l'eau salée, carottes, navets, petits pois, haricots verts et pommes coupées en dés. Mélanger ces divers légumes avec mayonnaise un peu relevée en des petits bouquets autour de la truite, et dresser entre chaque bouquet une écrevisse. Servir également de la sauce mayonnaise à part. Il faut une truite d'au moins 500 à 600 grammes.

SAUMON

Saumon Hollandaise. — Préparer un court-bouillon, plonger le saumon entier ou bien coupé en darnes, le cuire selon les formulles indiquées. Dresser sur serviette, toujours accompagné de pommes nature.

Les sauces les plus fréquemment servies avec le saumon sont : Hollandaise, Mousseline, Nantua, Genevoise, Mayonnaise et Tartare.

Saumon à la Russe. — Même procédé que la truite du même nom.

Saumon à la Chambord. — Cuire le saumon sur un fonds d'oignons émincés, carottes, ail, thym, laurier, beurre et poivre en grains. Le braiser doucement. Mouiller au vin rouge, le passer au four et l'arroser de temps en temps. Après cuisson, retirer le saumon, passer le fonds et le lier avec un beurre manié, jus de citron.

Préparer, d'autre part, des quenelles de poissons, têtes de champignons, truffes, ris de veau, laitances de carpes, mettre dans une casserole avec un peu de fonds et un peu de madère.

Les loups, dorades, etc., se préparent de la même façon.

Coquilles de Saumon Mornay. — Lorsqu'il reste de la desserte de saumon, préparer une bonne béchamel, y ajouter les morceaux de saumon, lier cette sauce aux jaunes d'œufs et fromager un peu l'appareil, le dresser dans des coquilles et le gratiner au four avec fromage râpé dessus.

HOMARDS ET LANGOUSTES

Les homards et les langoustes demandent les mêmes apprêts.

Langouste à l'Américaine. — Prendre des langoustes moyennes, les fendre en deux dans leur longueur. Enlever le corail, le hacher, incorporer du beurre, du cerfeuil, de l'estragon haché, du jus de citron et mettre de côté pour s'en servir au dernier moment.

Mettre dans un sauteur de l'huile et du beurre. Lorsque c'est chaud, ajouter les demi-langoustes, assaisonnées sel et poivre ; les couvrir et les cuire jusqu'à ce qu'elles aient changé de couleur.

Enlever les langoustes, les faire revenir dans le beurre et les échalotes hachées, y ajouter du cognac et du vin blanc, de l'ail haché fin, un bon bouquet garni, poivre de Cayenne. Finir de cuire au four, en y ajoutant deux cuillerées de bon fonds de veau. Lorsque la cuisson est terminée, retirer les langoustes, faire réduire la cuisson et ajouter demi-verre de madère. Incorporer le beurre manié avec le corail que l'on a réservé et verser sur les demi-langoustes.

On sert généralement, avec la langouste, du riz cuit à l'eau et sel.

Langouste à la Parisienne. — Prendre une langouste d'une certaine grosseur (1 kilo environ), la cuire et la laisser refroidir. Ensuite, la coucher sur le dos et, à l'aide d'un couteau, lui enlever la chair en évitant de la briser.

Remettre la langouste dans sa position ordinaire, placer sous le coffre un tampon de pain pour la relever.

Tailler la queue en escalopes, les chevaler sur toute la longueur de la langouste avec une lame de truffe sur chaque escalope, en la glaçant avec un peu de gelée à moitié prise.

Entourer la langouste d'une salade de légumes, par petits bouquets, entre chacun, mettre un quartier de cœur de laitue et un quartier d'œuf dur. Sauce mayonnaise à part.

Langouste à la Xavier. — Cuire la langouste et la laisser refroidir et préparer une sauce Nantua. Fendre la langouste en deux, dans le sens de la longueur, et enlever le boyau qui se trouve au milieu de la queue.

Sortir la chair des carapaces et l'escaloper en biais. Mettre au fond de ces dernières une couche de sauce Nantua. Reformer les morceaux d'escalopes en leur donnant leur forme première, les recouvrir de la sauce restante, saupoudrer de fromage râpé, beurrer et gratiner.

Langouste Mornay.— Même opération que ci-dessus, mais sauce Mornay au lieu de sauce Nantua.

Langouste Cardinal. — Même formule que la Xavier. Belles lames de truffes en servant.

Langouste Stuart. — Tailler des escalopes de langouste cuite. Les passer au beurre, les mouiller au chablis et les finir à la crème. Replacer les escalopes dans leur coquille, napper et servir.

Langouste Valenciennes. — Même formule que l'Américaine, servie dans une bordure de riz.

Langouste Newbourg. — Tailler les escalopes cuites, les sauter au beurre. Mouiller au porto et wisky, laisser réduire, lier aux jaunes et finir à la crème. Servir dans une bordure à la duchesse.

Langouste à la Diable. — Couper une langouste en deux, en ayant soin de retirer le boyau qui se trouve au milieu. Retirer la chair, la hacher, l'assaisonner de sel, poivre, moutarde, Cayenne, estragon. Remettre les chairs dans leur carapace, arrosées de beurre. Cuire au four en les arrosant souvent.

Langouste à la Française. — Couper une langouste en deux, la sauter avec une Bordelaise. Mouiller vin blanc et cognac, glace de viande, estragon haché, une cuillerée fonds de veau, un morceau de beurre avant de servir.

Langouste Mireille. — Tailler des escalopes dans une belle langouste, les étendre sur un tamis. Napper la moitié des escalopes avec un peu de Mayonnaise collée, et l'autre moitié avec une Mayonnaise de Montpellier également collée. Décorer les escalopes avec truffes et jambon, les dresser sur la carapace avec, autour, des petits bouquets de légumes en salade.

Homard à la Cettoise. — Homard sauté avec : échalotes, oignons hachés, bouquet garni. Mouiller au cognac, vin blanc, glace de viande, fumet de poisson. Finir à la crème.

Pilau de Langouste. — Couper une langouste en tronçons, les sauter au beurre, assaisonner sel, poivre, oignon haché, bouquet garni. Dès que l'oignon commence à prendre couleur, mettre le riz avec fumet de poisson. Finir la cuisson au four, 15 à 20 minutes. Ne jamais remuer le riz. S'il devenait trop épais, ajouter une cuillerée de fumet ou de vin blanc bouillant. Au dernier moment, incorporer un bon morceau de beurre et servir aussitôt.

ECREVISSES

Ecrevisses à la Nage. — Faire un court-bouillon au vin blanc, un peu relevé. Plonger les écrevisses pendant 10 minutes, les laisser refroidir et les dresser dans un légumier avec leur cuisson.

Ecrevisses Bordelaise. — Faire sauter les écrevisses au beurre, les mouiller au vin blanc et cognac, les flamber. Ajouter une Bordelaise, une cuillerée de fonds de veau, sauce tomates et laisser un peu réduire. Retirer les écrevisses. Finir la sauce avec un morceau de beurre, jus de citron, assaisonnement sel, poivre, Cayenne.

ANGUILLES

Anguilles Matelotte. — Faire revenir au beurre, une mirepoix, oignons, carottes, thym, laurier, ail, sel, poivre. Quand ils commencent à se colorer, faire revenir avec les tronçons d'anguille. Mouiller au vin rouge et faire réduire 20 minutes environ. La cuisson terminée, retirer les morceaux, les ranger dans un sautoir, les garnir de champignons et de petits oignons glacés. Lier le fonds avec un beurre manié, beurrer, passer la sauce sur les morceaux, jus de citron et servir avec des croûtons frits.
On peut également faire les matelottes au vin blanc.

Anguilles à la Pétrarque. — Faire revenir dans le beurre une bonne mirepoix. Dès qu'elle a pris couleur, ajouter les tronçons d'anguille. Mouiller au vin blanc et cuire jusqu'à ce que la réduction soit accomplie. Bouquet garni, thym, laurier, fenouil, persil, ail, avec sel, poivre, muscade. Ajouter une cuillerée de fumet de poisson ou, à défaut, du bouillon. Retirer les morceaux, les placer dans une casserole avec un couvercle, en y glissant une cuillerée de fonds pour les maintenir chauds.
Passer le fonds lié avec un beurre manié, le monter au beurre; tenir au chaud au bain-marie.
Préparer des croûtons frits de la longueur des morceaux d'anguille. Faire court-bouillonner des écrevisses, leur reti-

rer la queue, les mettre dans une petite casserole avec une cuillère de fonds. Réserver quelques écrevisses entières. Dresser les tronçons sur les croûtons, sur un plat rond, en couronne ; entre chaque tronçon une écrevisse, dans le puits, les queues et servir.

Anguille Tartare. — Pocher les morceaux d'anguille au vin blanc, les laisser refroidir, les passer à l'œuf, à la farine et à la chapelure. Les passer au four, au beurre. Servir avec une sauce Tartare, à part.

CROQUETTES DE POISSONS

On emploie généralement la desserte de poisson. Préparer une Béchamel, un peu corsée, liée aux jaunes. Ajouter les morceaux de poissons. Laisser refroidir, les passer à la farine et à l'œuf battu et à la chapelure. Les frire à friture très chaude. On sert généralement avec une saucière de sauce tomates.

QUENELLES

Quenelles de Brochet. — 250 grammes de chair de brochet, 500 grammes graisse de rognon de bœuf — bien dénervée — 500 grammes panade, 2 œufs.

Piler le tout finement, séparément, et ensuite le tout ensemble. Ajouter la panade et les œufs ; assaisonner sel, poivre, muscade.

Passer la farce au tamis fin, la mettre au frais (à la glace si possible) et y incorporer un quart de litre de crème double en la travaillant à la spatule.

Il est toujours prudent, avant de rouler les quenelles, d'en essayer une en la plongeant dans un peu d'eau bouillante. Si elle est à point, au toucher elle doit être un peu molle.

Former vos quenelles, les rouler dans la farine. Pocher dans de l'eau bouillante salée ; les rafraîchir et les égoutter.

Quenelles Nantua. — Servir avec une sauce Nantua, garnie de queues d'écrevisses et truffes.

Quenelles Lyonnaises. — Les garnir avec une financière, crêtes, foies de vollailles, ris de veau, olives, truffes, champignons.

Les faire mijoter un moment dans la financière.

CARPES

Carpe à la Chambord. — Même formule que pour le saumon à la Chambord.

Carpe en Matelotte. — Opérer comme pour les anguilles.

COQUILLES DE POISSON

On prépare généralement les coquilles avec la desserte de poissons. Même formule que pour les croquettes. Dresser l'appareil dans des coquilles en dôme, les saupoudrer de fromage, les beurrer et les passer au four pour les dorer.

PILAU DE MOULES

Faire prendre couleur, huile, oignons et poireaux hachés, y ajouter les moules bien nettoyées, un bon bouquet garni, thym, laurier, persil, fenouil. Lorsqu'ils sont colorés, ajouter de la tomate hachée finement. Mettre vos moules, les mouiller à l'eau, les assaisonner et ajouter le riz. Cuire de 15 à 20 minutes. Safran, sel, poivre.

MERLAN

Merlan à l'Anglaise. — Enlever l'arête, saler, lui donner la forme d'une morue et passer à la farine aux œufs battus, et à la chapelure. Cuire au four, au beurre.
Servir autour une Maître d'Hôtel.

Merlan Bercy. — Enlever l'arête, assaisonner de sel, poivre, le mettre à cuire dans un plat beurré avec échalotes hachées ; mouiller au vin blanc, glace de viande, une cuillerée de fumet de poisson, à défaut, du bouillon, jus de citron ; beurrer et cuire au four en l'arrosant de temps en temps. Bien réduire la cuisson. Servir saupoudré de persil.

Merlan Colbert. — Même procédé que le merlan à l'Anglaise. Sauce Colbert.

Merlan Marchand de Vin. — Même opération que le Merlan Bercy. Remplacer le vin blanc par du vin rouge.

Merlan au Gratin. — Cuire le merlan aux échalotes hachées, vin blanc, jus de citron. Réduire la cuisson et l'ajouter à une Duxelles. Saucer le fond d'un plat. Dresser les merlans dessus, avec un peu de chapelure. Beurrer et gratiner au four.

MORUE

Morue Hollandaise. — Cuire la morue à l'eau non salée. Mettre à l'eau froide. Dès qu'elle va prendre l'ébullition, la retirer et la mettre sur un coin du fourneau. Pommes nature et sauce Hollandaise à part.

Morue aux Tomates. — Fariner les morceaux de morue, les frire à l'huile. Hacher des tomates, passer de l'oignon haché à l'huile et, dès qu'il est coloré, ajouter les tomates. Les laisser cuire 25 minutes, une gousse d'ail écrasée, thym, laurier, poivre. Saler légèrement. Jeter les morceaux frits avec les tomates, laisser mijoter 15 minutes et servir saupoudré de persil.

Brandade de Morue. — La morue de Norvège est, sans conteste, la plus appréciée pour la Brandade. Voici comment l'on opère :

Blanchir la morue. Une fois cuite, l'égoutter et lui enlever les arêtes, en ayant soin de conserver la peau.

La mettre dans un mortier et la piler bien fine. Avant de piler la morue, piler un peu d'ail dans le mortier. Cette opération terminée, ajouter une cuillerée d'huile et continuer à piler. Dès que l'on a mis deux ou trois cuillères, ajouter chaque fois un peu de lait à l'huile et continuer jusqu'à ce que la morue semble une crème. L'assaisonner de sel, poivre, et la retirer dans une terrine ou dans une casserole. Si on doit s'en servir de suite, y ajouter du lait en la chauffant.

Si l'on n'a pas de la morue de Norvège, se servir de celle d'Islande. Même procédé que l'autre, la seule différence est que celle-ci peut se faire à la casserole à la spatule.

Morue Ménagère. — Emincer des poireaux, les cuire à feu doux dans l'huile, ail écrasé, bouquet garni. Ce résultat obtenu, ajouter de la farine, selon la quantité de morue que l'on emploie. La faire revenir avec les poireaux. Ajouter de l'eau, poivre, saler légèrement. Faire mijoter 25 minutes. Ajouter quelques olives noires dénoyautées, bouquet garni. Ranger la morue frite selon la formule ci-dessus, dans un plat, verser la sauce dessus, la laisser mijoter 10 minutes et servir avec persil haché dessus.

Morue en Rayte. — Fariner les morceaux de morue, la frire vivement à l'huile à la poèle. D'autre part, mettre dans une casserole de l'oignon haché, que l'on fait revenir à l'huile. Ceci terminé, ajouter de la farine que l'on laisse passer quelques minutes. Faire une réduction de vin blanc, finir le mouillage avec de l'eau. Ajouter des câpres, sel, poivre, une cuillerée de sauce tomates, ail, laurier, fenouil, persil.

Se fait également au vin rouge.

POULPES A LA MARSEILLAISE

Bien nettoyer les poulpes avant de s'en servir, même les faire blanchir et les frotter avec un linge pour enlever la première peau. Les couper en petits morceaux, les jeter dans une casserole à l'huile bouillante, les faire revenir vivement, sel, poivre. Dès qu'ils sont colorés, ajouter un poireau et un oignon hachés, bouquet garni, thym, laurier, fenouil, persil. Aussitôt que l'oignon et le poireau ont pris couleur, mettre quelques tomates hachées, safran, ail écrasé. Laisser cuire une heure, casserole couverte, tenir mouillé largement.

Vingt minutes avant de servir, ajouter quelques poignées de riz.

Stockfish à la Niçoise. — Couper le stockfish en tronçons, avec une hache ou un gros couteau, et le faire tremper à l'eau (courante si possible) quatre ou cinq jours. Le troisième jour, mettre les boyaux également à tremper.

Ce temps écoulé, prendre le poisson, enlever les arêtes et la peau soigneusement et l'émietter en petits morceaux.

D'autre part, faire passer à l'huile dans une casserole, oignons, poireaux. Lorsqu'ils commencent à se colorer, faire passer le stockfish, y ajouter de la tomate hachée, ail et persil hachés. Laisser mijoter quinze minutes. Mouiller à l'eau, olives noires, thym, laurier, fenouil, sel, poivre. Laisser cuire pendant trois heures. Trente minutes avant de servir, ajouter des pommes de terre nouvelles — quand c'est la saison. A défaut, des pommes émincées grossièrement.

RAIE

Raie au Beurre noir. — Partager la raie en deux (en exclure le milieu), la couper en tronçons. La cuire dans de l'eau salée, vinaigrée, pendant 20 minutes. Enlever la peau noire. La dresser sur un plat, jus de citron, quelques câpres, persil haché grossièrement.

Faire un beurre noir, à la poêle et le verser sur les morceaux.

Raie Sauce Câpres. — La cuire comme ci-dessus. Servir une sauce câpres à part.

MOULES, CLOVISSES, PRAIRES

Ces coquillages demandent les mêmes apprêts.

Moules Marinière. — Hacher des échalotes, les moules bien nettoyées, mettre le tout à cuire vivement casserole couverte, poivre, thym, laurier, vin blanc. Huit minutes de cuisson. Retirer une coquille à chaque moule, les dresser dans un légumier. Réduire le fonds de moitié, le lier au beurre manié, jus de citron, cerfeuil, persil haché, un jaune d'œuf pour liaison. Saucer sur les moules. Quelques praticiens y ajoutent une pointe d'ail hachée finement.

Moules Poulette. — Faire pocher les moules au vin blanc, poivre, bouquet garni. Préparer, d'autre part, une sauce Hollandaise bâtarde. Faire réduire de moitié la cuisson de vos moules et incorporer à la sauce Hollandaise. Enlever une coquille. Dresser dans un légumier et saucer dessus.

Coquilles aux Fruits de Mer. — Cuire : Moules, clovisses, avec bouquet garni, moitié vin blanc, moitié eau. Dès que la cuisson est terminée, les sortir de la coquille. Préparer une Béchamel, moitié lait, moitié cuisson des moules et clovisses, la lier aux jaunes d'œufs. La tenir assez épaisse. Ebarber les moules et les clovisses, et les mélanger à la Béchamel. Remplir les coquilles et les saupoudrer de fromage. Beurrer et gratiner au four.

CHAPITRE IV

LES ŒUFS

Œufs à la Coque. — Il y a plusieurs manières de faire cuire les œufs à la coque. Nous allons en énumérer trois :

1º Plonger les œufs à l'eau bouillante et les laisser mijoter trois minutes ;

2º Mettre les œufs dans une casserole d'eau froide que l'on met à feu vif. Lorsque l'eau bout à gros bouillons, les œufs sont cuits ;

3º Placer une casserole d'eau sur un feu vif. Lorsqu'elle est en pleine ébullition, y plonger les œufs et retirer la casserole du feu en la laissant hermétiquement fermée. Au bout de dix minutes, les œufs sont cuits à la coque.

Œufs Pochés. — Mettre dans une casserole de l'eau bouillante, y ajouter du sel et une coulée de vinaigre blanc ; lorsqu'elle est en ébullition, casser les œufs, un à un dans la casserole. Ceci fait, retirer la casserole de côté et la couvrir ; au bout de trois minutes les œufs sont pochés.

Les retirer délicatement avec une écumoire et les plonger dans une terrine d'eau froide.

Au moment de s'en servir, les jeter dans de l'eau assez tiède, en enlevant le superflu qui adhère aux œufs.

Si ces œufs sont pour le potage, les ajouter au bouillon en servant.

Les œufs pochés doivent être très frais.

Œufs Mollets. — Ainsi que les œufs pochés, les œufs mollets doivent être très frais pour les réussir.

Mettre les œufs dans une casserole d'eau bouillante et les laisser mijoter pendant cinq minutes. Les retirer ensuite avec une écumoire et les plonger dans l'eau froide.

Dix minutes après, les dépouiller délicatement de leur coquille et les remettre dans l'eau froide, afin de conserver leur blancheur. Lorsqu'on veut les servir, on les fait chauffer dans de l'eau salée.

Œufs durs. — Pour obtenir des œufs durs, il faut huit minutes de cuisson à l'eau bouillante, ensuite les retirer de l'eau chaude et les plonger dans l'eau froide.

Œufs de Pâques. — Les œufs rouges, communément appelés « œufs de Pâques », s'obtiennent en les faisant bouillir pendant dix minutes dans une infusion de bois de campêche ou dans de l'eau colorée avec de la cochenille ou du carmin.

Œufs Rouge Corail :

Cochenille naturelle	150 grammes
Alun	50 »
Sel	10 »
Jus de citron	3 gouttes
Eau tiède	2 litres

Mettre ces ingrédients dans un sachet et les faire bouillir dans une casserole émaillée, pendant trois quarts d'heure, en ayant soin de sortir le sachet de temps en temps et de le mettre sur une assiette pour presser dessus avec une fourchette, afin d'en exprimer la cochenille qui produit une couleur très foncée.

Ajouter les œufs par quatre et les faire cuire doucement pendant douze minutes, les rafraîchir un à un en les saisissant par les deux bouts et les plonger dans une terrine d'eau tiède.

Les poser ensuite sur des baguettes de bois et les laisser sécher sans les essuyer. On obtient, par ce procédé, des œufs d'un rouge éclatant.

Il arrive parfois que ces œufs, en sortant du bain, ne sont pas tous de la même nuance. Cela tient à leur nature et à la race des poules qui les ont pondus.

Œufs Rose Corail. — On les obtient en les faisant bouillir dix minutes dans le bain sus-indiqué. Il faut pour leur donner la teinte rosée, les dépolir, après les avoir rafraîchis, avec du sel humecté et mélangé d'un peu de farine.

Quelquefois on obtient ainsi une teinte saumonée.

Œufs Marron foncé :

Bois de campêche	250 grammes
Sel	10 »
Alun	5 »
Eau	1 litre ½

Opérer exactement d'après le procédé indiqué plus haut.

Œufs Marron clair. — Faire bouillir dix minutes dans la solution suivante :

Bois de campèche	250 grammes
Essence de thé	1 décilitre
Eau	1 litre

Œufs couleur Framboise :

Bois de campèche...........	125 grammes
Cochenille	125 »
Alun	5 »
Jus de citron	4 gouttes
Eau	1 litre

Œufs Jaune brun :

Epluchures oignons jaunes ...	25 grammes
Safran en feuilles	15 »
Jus de citron	3 gouttes
Eau	1 litre

Œufs Vert tendre :

Epinards frais	300 grammes
Eau	1 litre

Faire bouillir les épinards, les sortir avec l'écumoire, les piler au mortier et les remettre dans la casserole.

Mettre les œufs par quatre et les laisser cuire dix minutes. Ils se présentent sous une couleur bleu foncé. On ne les rafraîchit pas. Pour obtenir le vert tendre, on les dépolit.

Œufs Marbrés. — Choisir les œufs que l'on veut colorier parmi ceux de rose corail déjà teints.

Faire fondre de la cire et, à l'aide d'un pinceau, toucher irrégulièrement de place en place, de façon à ce qu'il y ait environ les deux tiers couverts par la cire.

Envelopper l'œuf avec un fil de laine, en procédant comme pour faire une pelote, le laisser cuire deux minutes dans l'eau.

On les rafraîchit, on les laisse refroidir, on les dépouille, on les dépolit et on les frotte légèrement avec de l'huile d'amande douce. On obtient ainsi un marbré rouge de toute beauté.

Œufs pochés aux Epinards. — Dressés sur un fond d'épinards. (Voir « Epinards » au chapitre des légumes.)

Œufs pochés au Lard. — Dresser les œufs sur des croûtons de pain frits, faire frire au beurre des tranches de lard fumé, coupées minces, et entourer les œufs pochés.

Œufs Pochés Provençale. — Faire revenir dans l'huile deux oignons hachés grossièrement; lorsqu'ils commencent à prendre couleur, égoutter l'huile, mettre un peu de thym, laurier, quelques grains de poivre, sel, tomates émincées. Faire mijoter pendant vingt minutes, ajouter un peu de bon bouillon et passer au chinois. Lier avec un peu de beurre manié. Saucer les œufs pochés que l'on a, au préalable, dressés sur des croûtons de pain frits.

Jaunes d'Œufs Pochés Fermière. — Les jaunes d'œufs se pochent parfaitement lorsqu'ils sont très frais, mais il faut avoir soin de ne pas les briser en les séparant du blanc.

Après avoir cassé l'œuf et séparé le blanc, on garde le jaune dans la coquille et on le laisse glisser doucement dans de l'eau salée en ébullition. On ne doit pas le laisser plus de deux minutes dans le liquide bouillant, autrement il deviendrait dur. On le retire immédiatement avec une écumoire et on le plonge dans l'eau froide. Lorsqu'on veut le servir, on le réchauffe avec un peu de bouillon. On le sert sur un fonds d'épinards, on le pose sur un croûton de pain frit et on en forme une bordure. On place sur chaque jaune un disque de jambon ou de langue écarlate.

Œufs Pochés Fédora. — Pochés sur croustades garnies foie gras et truffes, sauce suprême. (Voir chapitre des sauces.)

Œufs Pochés Cardinal. — Pochés sur tartelettes garnies d'un ragout de homard.

Œufs Pochés Archiduc. — Pochés sur tartelettes garnies foies de volailles et truffes. Sauce suprême. (Voir Chapitre des sauces).

Œufs Pochés Louisette. — Pochés sur croquettes Dauphine, sauce Béchamel, y incorporer une purée de jambon, truffes hachées.

Œufs Pochés à l'Estragon. — Les dresser dans un plat, saucer avec un fonds de veau lié à l'estragon et les décorer de feuilles d'estragon blanchies.

Œufs Pochés Mornay. — Dresser sur croûtons avec sauce Béchamel dessus et fromage ; gratiner à feu vif.

Œufs Pochés Rossini. — Tailler des croûtons de pain de forme ovale, les faire frire dans du beurre fondu, les farcir d'une purée de foie gras ; placer sur chaque croûton un œuf poché et sur chaque œuf une belle lame de truffe. Saucer d'une sauce Périgueux.

ŒUFS MOLLETS

Œufs Mollets au Gratin. — Préparer une sauce Béchamel à laquelle on ajoute du parmesan râpé et une pointe de Cayenne. Etendre une couche de cette sauce dans un plat à gratin et ranger les œufs dessus que l'on masque avec cette sauce. Saupoudrer les œufs de fromage râpé et d'un peu de chapelure très fine. Faire gratiner à feu très chaud quelques minutes seulement, afin de ne pas les laisser durcir.

Œufs Mollets à la Crème. — Préparer une Béchamel que l'on finit avec de la crème et beurrer. Dresser les œufs mollets dans un légumier et les napper avec la sauce.

Œufs Mollets Portugaise. — Préparer un bon coulis de tomates concassées finement et le verser sur les œufs mollets.

Œufs Mollets Mornay. — Même préparation que les œufs pochés du même nom.

Œufs Mollets aux Epinards. — Dresser sur un fonds d'épinards et les arroser avec un bon jus de veau légèrement lié.

ŒUFS FARCIS

Œufs Farcis à la Chimay. — Partager des œufs durs en deux, sortir les jaunes, les passer au tamis, les additionner d'un tiers de chair de volaille coupée en petits dés et fines herbes ; sel, poivre avec de la Béchamel, de façon à les amener à la consistance d'une purée épaisse.

Farcir les œufs à la poche. Mettre une couche de sauce crème au fond d'un plat à œufs. Placer les œufs dessus, les saupoudrer de fromage et de beurre et les gratiner.

Œufs Farcis à la Montglas. — Evider des œufs durs par une extrémité, à l'aide d'un tube de la boîte à colonne, et les farcir d'un salpicon de volaille, foie gras, truffes, jambon, langue liée à brun. Remettre les morceaux de blanc enlevé, les passer à l'œuf battu, les paner, les frire à friture très chaude.

Les dresser sur serviette et servir en même temps un bon jus de veau lié.

Œufs Farcis aux Epinards. — Couper les œufs durs en travers, de façon à former deux dômes que l'on perfore avec un coupe pâte à colonne.

Faire frire dans du beurre clarifié des croûtons de pain de forme ronde de la largeur des œufs.

Préparer des épinards un peu fermes. Dresser les œufs sur les croûtons et les emplir avec les épinards au moyen de la poche avec douille ronde. Fermer l'ouverture des œufs avec une rondelle de langue ou de jambon et les masquer avec une sauce Béchamel.

Œufs Farcis à la Polonaise. — Faire durcir les œufs, que l'on coupe en deux dans leur longueur. En retirer les jaunes que l'on assaisonne et piler avec un morceau de beurre, un peu de mie de pain, deux ou trois jaunes crus, selon quantité, une ou deux cuillerées à bouche de crème double, deux échalotes passées au beurre et une cuillère sauce tomates.

Remplir la partie de l'œuf qu'occupait le jaune avec cet appareil et mettre au four sur un plat beurré, dix ou douze minutes.

Mettre dans une petite casserole 100 grammes de beurre avec une poignée de mie de pain. Remuer sur le feu jusqu'à ce que la mie ait pris une couleur blonde et le beurre un goût de noisette. Saucer alors les œufs avec cette mie de pain tandis que le beurre est bouillant, et dresser sur un fonds de purée de pommes beurrées.

Œufs Farcis Bernoise. — Faire durcir quelques œufs, les couper en moitié dans leur longueur. Retirer les jaunes que l'on met dans une terrine avec sel, poivre de Cayenne, un peu de muscade. Remuer le tout avec une spatule en bois, en y ajoutant un œuf entier, du Parmesan et Gruyère râpés en égale quantité, quatre cuillères de crème double et dresser sur un plat beurré. Garnir avec l'appareil au fromage. Mettre au four après avoir saupoudré les œufs de fromage râpé, faire colorer et servir sur une couche de sauce Béchamel.

Croquettes d'Œufs. — Casser dans une terrine quatre œufs entiers et quatre jaunes, sel, poivre, muscade. Ajouter quatre cuillerées de crème double et mêler le tout avec une fourchette. Remplir quelques moules à darioles bien beurrés, et faire pocher au bain-marie sans bouillir. Au bout de vingt minutes, démouler les œufs et les laisser refroidir. Les couper en dés un peu gros et les mélanger légèrement à la cuillère de bois avec un peu de sauce Béchamel bien ferme que l'on aura liée avec deux jaunes d'œufs.

Mettre la préparation à refroidir (sur glace si possible) et lorsqu'elle est bien ferme, la diviser en parties égales de la grosseur d'un œuf de pigeon. Donner aux croquettes la forme qui plaît : en boules, côtelettes, poires, etc. Les rouler dans de la mie de pain fraîche, les tremper dans de l'œuf battu et les paner une seconde fois, en ayant soin de bien faire adhérer la mie de pain à la croquette. Les plonger dans une friture bien chaude et, lorsqu'elles sont bien dorées, les égoutter sur un linge.

Les dresser sur serviette, avec persil frit au milieu.

Œufs à l'Aurore au Parmesan. — Prendre des œufs durs, les couper en deux et retirer les jaunes. Emincer en rouelles les blancs que l'on mélange avec de la Béchamel bien ferme, sel, poivre de Cayenne, muscade.

Mettre dans le fond d'un plat beurré une couche de blancs d'œufs que l'on saupoudre de Parmesan râpé. Etendre ensuite une couche de jaunes durs passés au tamis en fer. Remettre une nappe de blanc, puis semer de nouveau du Parmesan et finir avec les jaunes tamisés.

Faire chauffer au four et servir.

Petites Croustades d'Œufs « Lucullus ». — Prendre des moules à tartelettes, les foncer avec un demi-feuilletage (voir Chapitre des pâtes), les garnir de pois cassés crus et les cuire au four. Dès la cuisson terminée, les retirer, enlever les pois cassés avec un couteau de table, les tenir à l'étuve. Faire des œufs brouillés que l'on dresse dans les tartelettes au moment de servir. D'autre part, tailler en petits dés de la volaille, jambon, truffes, langue, que l'on met dans une casserole et mouiller avec un bon fonds de veau un peu épais et Madère.

Faire un petit puits dans les œufs brouillés, y mettre une cuillère à café de salpicon et servir très chaud.

Pâte d'Œufs à la Marseillaise. — Couper en tranches et faire frire, à l'huile, quatre oignons bien blancs dans une poêle que l'on a préalablement frottée d'ail; faire sauter à l'huile quatre truffes fraîches coupées en lames, égoutter l'huile des truffes et des oignons et ajouter six œufs durs coupés en tranches épaisses. Mélanger le tout avec de la Béchamel bien serrée, bien relevée par l'assaisonnement. Faire une pâte à foncer comme pour pâtés (voir Chapitre des pâtes) avec laquelle on fonce un moule à flan que l'on remplit avec les œufs, truffes, oignons et qu'on recouvre avec de la purée de pommes de terre. Cuire à four chaud. Lorque la pâte est cuite et la pomme de terre bien dorée, retirer et servir.

Œufs Farcis Juliette. — Faire durcir des œufs, les couper en deux sur leur longueur, ôter le jaune du blanc, le passer au tamis, incorporer de la Béchamel bien serrée et deux jaunes durs; travailler à la spatule. Ajouter de l'estragon haché, cerfeuil et fines herbes (l'estragon doit dominer). A défaut d'estragon, mettre du basilic, sel, poivre, muscade. Laisser refroidir. Lorsque l'appareil est froid, farcir les moitiés d'œufs avec de la farce et, avec un couteau de table, leur donner leur forme primitive.

Les passer dans de la mie de pain et œufs battus et les plonger dans une friture très chaude. Servir sur serviette, en couronne, persil frit au milieu. Sauce tomate légère à part.

ŒUFS SUR LE PLAT

Œufs au Jambon ou au Lard. — Faire sauter le jambon à la poêle, au beurre et le placer sur le plat beurré. Casser les œufs et les cuire au four.

Œufs à la Niçoise. — Concasser des tomates que l'on fait cuire au four, au beurre, avec sel et une pointe d'ail. Tailler en tranches minces des cœurs de petits artichauts, les cuire à l'huile à la poêle.

Dresser sur les œufs un bouquet tomates et un bouquet artichauts.

Œufs au Beurre noir. — Cuire les œufs, les saler et couler un filet de vinaigre. Au moment de servir, faire noircir du beurre à la poêle et le jeter sur les œufs.

Œufs à l'Américaine. — Griller une demi-tomate et un morceau de lard fumé, mettre au fond d'un plat beurré et casser des œufs dessus.

Œufs à la Rothomago. — Mettre les tranches de jambon au fond du plat, casser les œufs dessus, saupoudrer de fromage râpé avec un cordon de sauce tomates autour.

Œufs à la Turque. — Sauter au beurre des foies de volailles, sel et poivre, les juter avec une cuillère de fonds de veau lié et les dresser par bouquets autour des œufs.

Œufs à la Bercy. — Griller des petites saucisses et les dresser coupées en morceaux autour des œufs, masquer avec une cuillère de sauce tomates.

Œufs à la Meyerbeer. — Griller un rognon de mouton coupé en deux; lorsqu'il est cuit, le dresser sur un plat beurré, casser les œufs dessus et cuire au four.

Œufs à la Portugaise. — Griller des demi-tomates, les mettre au fond d'un plat beurré, casser les œufs dessus et cuire au four.

Œufs Piémontaise. — Beurrer un plat à œufs, couvrir le fond avec des tranches de gruyère coupées très minces. Casser sur le fromage six œufs frais, en ayant soin de ne pas briser les jaunes; assaisonner de sel gros, poivre, muscade râpée. Verser quelques cuillerées de crême double sur les œufs, saupoudrer de parmesan râpé et mettre au four pendant cinq minutes. Colorer à la salamandre.

ŒUFS FRITS

Les œufs frits doivent être très frais. Mettre dans une petite poêle deux doigts d'huile que l'on fait chauffer et casser un œuf dans une assiette, le saler.

Lorsque l'huile est bouillante, y glisser l'œuf et l'arroser d'huile avec une cuillère en bois, en ramenant les bords vers le centre pour lui donner une forme ovale. Lorsqu'il est doré, le dresser sur serviette avec bouquet de persil frit.

Œufs Frits au Jambon ou au Lard. — Faire frire dans une poêle des tranches de jambon ou de lard et dresser sur un plat, en couronne, les œufs sur les tranches de jambon ou de lard. Bouquet persil frit au milieu.

Œufs Frits Portugaise. — Dresser sur serviette, sauce tomates à part.

Œufs Frits Viennoise. — Faire pocher les œufs, les rafraîchir; lorsqu'ils sont froids, les égoutter, les rouler dans la farine, les tremper dans des œufs battus et les paner à la mie de pain fraîche. Tremper une minute dans la friture très chaude. Les servir sur croûtons de pain frits, farcis avec une farce de volaille. Sauce madère à part.

Œufs Frits à l'Américaine. — Griller une demi-tomate. Sauter ou griller une tranche de lard anglais fumé. Dresser l'œuf frit sur la demi-tomate, la tranche de lard sur l'œuf. Persil haché.

Œufs Frits à la Montfort. — Prendre des œufs durs, les écailler. Prendre un coupe-pâte à colonne et les perforer d'un bout pour leur enlever tout le jaune. Faire un émincé de volaille, jambon, langue écarlate finement hachée ; mouiller avec un peu de velouté ou de Béchamel très serrée liée avec un jaune d'œuf. Emplir les œufs avec de la farce de volaille, boucher l'ouverture avec la partie blanche de l'œuf enlevée avec l'emporte-pièce. Tremper les œufs dans l'œuf battu, paner et faire frire à l'huile très chaude. Dresser sur serviette, persil frit.

ŒUFS BROUILLÉS

Les œufs brouillés demandent à peu près les mêmes garnitures que les omelettes. Casser les œufs dans une casserole, les assaisonner de sel, poivre, muscade, 125 grammes de beurre divisé en morceaux et un peu de crême double.

Battre le tout avec un fouet, mettre sur le feu au bain-marie et remuer avec une cuiller de bois. Quand les œufs commencent à épaissir, les retirer et ajouter une seconde cuillerée de crême pour éviter que les œufs ne deviennent trop épais. Dresser dans un légumier et entourer avec des croûtons de pain triangulaires ou des fleurons de feuilletage.

Œufs Brouillés Princesse. — Beurrer des moules à darioles et les chemiser avec de la farce à quenelle fine. D'autre part, préparer des œufs brouillés aux fines herbes qu'on laisse refroidir et avec lesquels on emplit les petits moules, dont on bouche l'orifice avec de la farce. Faire pocher un quart d'heure, démouler et masquer d'une sauce Béchamel.

Œufs en Canelonis. — Prendre des œufs durs, en retirer les jaunes que l'on met dans un mortier avec 50 grammes de beurre, une cuillère de Béchamel, sel, poivre, pincée de Cayenne. Hacher ensuite les blancs et les mêler aux jaunes que l'on a retirés du mortier. Ajouter : fines herbes, échalotes hachées passées au beurre, persil, champignons hachés. Former avec cette pâte des canelonis de la grosseur d'une saucisse ordinaire de cinq centimètres de long. Les rouler dans la farine, puis les tremper dans l'œuf battu pané à la mie de pain. Faire frire et servir sur serviette. Dresser en pyramide et persil frit.

Petits Choux aux Œufs brouillés. — Préparer une pâte à choux, coucher, à la poche, des petits choux sur une plaque que l'on fait cuire au four. Lorsqu'ils sont cuits, pratiquer une ouverture circulaire à la partie supérieure et évider le choux.' Au moment de servir, emplir ce dernier avec des œufs brouillés aux fines herbes.

Boucher l'ouverture, soit avec une lame de truffe ou de langue, soit en replaçant la partie du chou enlevée. Servir chaud.

Œufs en Cocote à la Crème. — Beurrer des petites cocotes, saler légèrement le fond et casser un œuf dans chaque. Placer celles-ci dans un sautoir ou une plaque pouvant se couvrir, avec un doigt d'eau chaude. Cuire les œufs au four, y ajouter une cuillère à café de crème double, légèrement salée. Les œufs cocotes supportent les mêmes garnitures que les œufs sur le plat.

Œufs Cocote Jeannette. — Tapisser les parois des cocotes d'une farce de volaille cuite ou de foie gras, additionnée de crème ; sel, poivre. Poser au fond de chaque cocote une rondelle de langue ou de jambon. Casser les œufs, les cuire comme ci-dessus. En les servant, mettre une cuillère de crème double.

Œufs Cocote au Jus. — Cuire vos œufs sans crème. En les servant, une cuillerée de jus de veau.

OMELETTES

Battre bien les œufs et les saler. Mettre du beurre dans une poêle bien propre, bien lisse et ne servant, si possible, qu'à cet usage. Lorsqu'il est chaud sans avoir pris de couleur, verser les œufs et remuer la poêle avec la main gauche en mélangeant l'omelette avec le dos d'une fourchette. La rouler en la ramassant vers les bords opposés à la queue. L'opération doit se poursuivre de bout à bout sur un feu doux et avec peu de beurre (à peu près une noix pour 2 à 3 œufs).

L'omelette plate se traite de même, mais après l'avoir laissé colorer d'un côté, on la retourne en la faisant sauter.

L'omelette est une bonne et belle ressource pour la cuisine et que l'on peut varier à l'infini. A part les centaines de noms établis, il y a le champ libre à la fantaisie. Entre autres des grands noms : « A la Richelieu », « Pompadour », « Printanière », Bergère, « Fermière », etc. , il y a :

L'omelette aux champignons, aux pointes d'asperges, aux truffes, aux crosnes, aux fonds d'artichauts, aux petits pois nouveaux, aux rognons, à la crevette, puis toutes les Omelettes Provençale, Savoyarde, Bretonne, Normande, etc.

Mais il faut que toute garniture soit d'abord traitée selon son élément, c'est-à-dire cuite à point, étuvée au beurre chaque fois que cela est possible, et aissaisonnée. On la met au milieu de l'omelette avant de la rouler, en l'étendant pour qu'il y en ait d'un bout à l'autre.

Omelette aux Fines Herbes. — Hacher persil, cerfeuil, ciboulette et mélanger aux œufs.

Omelette au Jambon. — Couper du jambon en dés, le sauter dans le beurre avant de le mélanger aux œufs.

Omelette Piémontaise. — Blanchir des épinards, les passer au tamis, les faire sécher au beurre dans une casserole ; assaisonner de sel, poivre et muscade. Les jeter ensuite dans les œufs et faire l'omelette.

Omelette Allemande. — 200 grammes de farine, un demi-litre de lait, 6 œufs entiers, sel et muscade. Mélanger et faire cuire à la poêle, au beurre ; la finir au four. La quantité indiquée peut servir pour trois omelettes. Il s'agit de n'en cuire qu'une à la fois.

Omelette Mousseline. — Casser cinq jaunes d'œufs dans une terrine avec sel, fines herbes et deux cuillerées de crème. Travailler les jaunes avec un fouet pendant deux ou trois minutes. Fouetter quatre blancs bien fermes et les mélanger aux jaunes. Cuire de la même façon que les autres omelettes et remuer vivement avec une fourchette en fer. Au fur et à mesure que les œufs chauffent, ils gonflent et menacent de déborder de la poêle ; il faut les ramener constamment vers le centre jusqu'à ce qu'ils prennent de la consistance.

Laisser alors colorer l'omelette, tout en remuant continuellement la poêle afin qu'elle ne s'attache pas. La plier sur elle-même et la verser dans le plat. Cette omelette est sans conteste la meilleure et la plus légère des omelettes.

CHAPITRE V

HORS-D'ŒUVRE

HORS-D'ŒUVRE FROIDS

Depuis quelques années, la mode est aux hors-d'œuvre et l'engouement est tel qu'alors qu'autrefois ils étaient réservés aux seuls repas du matin, maintenant on les sert également au dîner du soir.

Mais, comme cet ouvrage est destiné aux ménagères, nous nous étendrons peu sur ce chapitre. La plupart de ces mets étant d'une composition assez minutieuse, nous ne donnerons donc que les plus faciles à faire.

Betteraves. — Cuire les betteraves au four. Si elles sont grosses pendant 4 heures, et si elles sont petites, à l'eau salée.

Les émincer ensuite après leur avoir enlevé la peau. Les placer dans une terrine, les recouvrir de vinaigre bouillant, coupé avec moitié eau, et dans lequel on aura fait cuire pendant 20 minutes : thym, laurier, ail, oignons, clous de girofle, poivre en grains, échalotes, muscade. En les servant, ajouter quelques gouttes d'huile.

Céleri Rose. — Le céleri rose se taille en julienne. Assaisonnement : sel, poivre, pointe de Cayenne, moutarde, huile et vinaigre. Saupoudrer de persil haché.

Cèpes frais. — Prendre des cèpes frais, bien les nettoyer et laver (se servir pour cela de petits cèpes). Chauffer de la bonne huile dans une poêle, lorsqu'elle est bouillante, jeter les cèpes dedans. Les sauter quelques minutes vivement et cela jusqu'à ce que l'eau qu'ils rendent soit complètement évaporée. Les égoutter dans une passoire et les placer ensuite dans un bocal.

Préparer un vinaigre blanc aromatisé, composé comme suit : 1/2 litre eau, deux gousses d'ail, échalotes, thym, laurier, girofle, estragon, petits oignons, sel, poivre en grains.

15 minutes de cuisson. Verser ensuite sur les cèpes. Lorsqu'ils sont froids, recouvrir d'une couche d'huile d'olive. Cette formule s'applique à tous les champignons frais.

Tomates Farcies à la Niçoise. — Prendre de petites tomates bien mûres, sectionner le haut, les vider avec une cuillère à café, les saler légèrement et les farcir avec une purée de thon, additionnée de mayonnaise.

Artichauts à la Grecque. — Prendre des artichauts jeunes, sectionner le sommet des feuilles; enlever les feuilles vertes, appointer le bout de la tige. Les mettre dans de l'eau froide acidulée de vinaigre ou de jus de citron, pour les empêcher de noircir.

Préparer une cuisson comme suit : 1/2 litre d'eau, une bonne cuillère d'huile d'olives, poivre blanc en grains, sel, pointe de muscade, ail, thym, laurier, fenouil, jus de citron, quelques rouelles de ce dernier complètement épluchées et quelques petits oignons nouveaux.

Faire bouillir cette cuisson pendant dix minutes, ajouter aussitôt les artichauts que l'on fait bouillir vivement 25 minutes. Quand les artichauts sont cuits, il ne doit rester qu'une partie infime d'eau. Cette formule d'apprêter les artichauts s'applique à tous les légumes suivants : aubergines, champignons, courgettes, céleris, fenouil, trognons de chicorée, poireaux, etc.

Trognons de Chicorée et d'Escarole à la Grecque. — En triant les chicorées et les escaroles, réserver autour du trognon un bout de chaque feuille de deux à trois centimètres de long. Trier le trognon en l'appointant et enlever les feuilles trop dures.

Préparer une cuisson identique aux artichauts et les cuire 50 minutes environ.

Artichauts à la Provençale. — Même opération que les artichauts à la Grecque, auxquels on ajoute quelques tomates épluchées et concassées.

Salade de Pommes. — Cuire des pommes en robe de chambre, les peler, les émincer.

Préparer dans un saladier deux jaunes d'œufs cuits, passés au tamis ou écrasés finement, de la moutarde, huile et vinaigre, persil, cerfeuil, estragon haché, sel, poivre. Battre un moment avec le fouet.

Jeter les pommes de terre dedans, bien les remuer et les servir dans des raviers.

Tapenade Provençale. — Désosser des olives noires, piler la chair dans un mortier avec des anchois, de la moutarde anglaise, une pincée de thym et laurier en poudre ; de l'ail, mais en petite quantité, un petit verre de cognac, une cuillère de sauce anglaise et de la bonne huile d'olives.

Débarrasser la purée dans un verre ou un récipient en porcelaine, la recouvrir d'une légère couche d'huile d'olive. On la sert sur des tartines de pain grillé.

HORS-D'ŒUVRE CHAUDS

Bouchées. — Les bouchées servent principalement pour utiliser les dessertes de volailles, ris de veau, canetons, moules, huîtres, clovisses, crevettes, écrevisses, langoustes, etc.

Bouchées à la Reine. — Préparer une sauce Béchamel assez consistante, assaisonnement : sel, poivre, muscade. Tailler en petits dés de la desserte de volaille ou, à défaut, de l'agneau ou du veau rôti, jambon cuit, truffes, champignons. Mélanger le tout ensemble, verser la sauce dessus, faire chauffer jusqu'à ébullition. Mettre de côté sur le fourneau, de façon que l'appareil soit toujours chaud, sans bouillir.

Les Bouchées sont tenues au chaud à l'étuve et garnies au dernier moment. Servir très chaudes.

(Voir au Chapitre de la Pâtisserie » la formule pour les Bouchées.)

Toutes les Bouchées de : Canetons, Pintades, Dindes, Pigeons, sont identiques à la précédente.

Pour les Bouchées de : Perdreaux, Bécasses, etc., on opère de la même façon, on remplace seulement la sauce Béchamel par une sauce Salmis.

Bouchées aux Fruits de Mer. — Faire pocher les moules, clovisses au vin blanc. Les retirer de leur coquille et laisser reposer le fond. Préparer une sauce Béchamel dans laquelle on incorpore le fonds des coquillages, on lie aux jaunes d'œufs. Ajouter les coquillages et garnir les Bouchées au dernier moment.

Bouchées d'Ecrevisses Nantua. — Cuire des écrevisses à l'eau salée, bouquet garni, oignons, carottes, vin blanc. Sortir les queues, les ajouter à une sauce Nantua.

(Voir au Chapitre des « Sauces »).

Petits Pâtés Chauds au Gras. — Faire une abaisse de pâte feuilletée d'un centimètre d'épaisseur environ. Tailler à l'aide d'un emporte-pièce des rondelles de six centimètres de diamètre. (En faire le double de ce que l'on veut avoir de petits pâtés.)

Faire, d'autre part, revenir à la poêle, au beurre, du maigre de veau, du porc et du lard gras ; assaisonner de sel, poivre, muscade, épices. Piler au mortier.

Garnir le centre d'une rondelle (une cuillère à café) de farce, humecter avec un pinceau les bords du rond et recouvrir avec le rond mis de côté. Dorer avec un jaune d'œuf additionné d'eau et cuire au four.

Petits Pâtés aux Anchois. — Même procédé que ci-dessus, il n'y a que la farce qui change. Prendre des filets d'anchois, les piler au mortier avec de la mie de pain trempée, un petit morceau de beurre, pincée de poivre.

Soufflé au Parmesan. — Faire une Béchamel un peu serrée, la lier aux jaunes d'œufs. Fouetter les blancs très fermes, mélanger du parmesan râpé avec la Béchamel, incorporer les blancs. Beurrer un légumier ou une timbale, la remplir à moitié, cuire à four moyen, trois blancs suffisent pour un litre.

Ramequins au Gruyère. — Préparer une pâte à choux, salée (sans sucre). (Voir au Chapitre Pâtisserie.)

Couper du gruyère en dés, le mélanger avec la pâte à choux, dresser ensuite sur une plaque à pâtisserie légèrement huilée. Au moyen de la poche et de la douille unie, former des choux, les décorer avec des losanges de gruyère, les dorer, les cuire à four chaud. Les servir très chauds.

Comme les ménagères n'ont pas toujours une poche et une douille à leur disposition, il y a une façon très simple de dresser les ramequins. Avec une cuillère à soupe que l'on plonge dans la pâte, avec un doigt de la main gauche on ramène la pâte vers le bout de la cuillère et on la fait tomber sur la plaque. Elle a ainsi la forme d'un chou.

Bouchées Montglas. — Petites bouchées garnies avec un salpicon de truffes, volaille, jambon, champignons, foies gras, le tout lié avec un bon fonds de veau réduit. Tous les divers éléments composant le salpicon doivent être coupés en très petits dés.

Bouchées Périgourdines. — Garnies d'un salpicon de truffes et de foies gras, avec un fonds de veau parfumé au madère.

Bouchées Saint-Hubert. — Garnies d'un salpicon de gibier, truffes et champignons, lié au fumet de gibier.

Rissoles à la Reine. — Tailler à l'emporte-pièce des ronds de feuilletage de 0,08 de diamètre. Coucher dans le milieu une cuillerée à café de pâte à bouchées à la Reine, un peu serrée ; humecter les bords et ramener un côté sur l'autre, en appuyant légèrement pour les souder.

On peut les faire frire ou les cuire au four, ceci est facultatif. En ce dernier cas, on les dore. Les rissoles sont accompagnées généralement d'une sauce Périgueux, Madère, etc.

Cromeskis. — Faire une pâte à croquettes de volaille, en former de petites croquettes de la grosseur d'un bouchon qu'on entoure d'une crépinette. Les tremper ensuite dans une pâte à frire et les cuire vivement à l'huile bouillante. Les dresser sur une serviette. Sauce tomates ou madère, etc., à part.

Croûte au Gruyère. — Couper des croûtons de pain, longs ou en losanges, les faire griller. Coucher sur chaque croûton une belle lame de gruyère, les saupoudrer de Cayenne et les glacer au four.

Fondue au Fromage. — Faire une réduction de vin blanc, y ajouter du gruyère coupé en dés, le faire fondre sans trop le remuer avec une spatule de bois. Sitôt le gruyère fondu, ajouter un filet de kirsch et une pincée de poivre blanc. La fondue se sert dans la casserole où elle a cuit. On emploie généralement de petits poêlons en terre.

Fondue Belge. — Faire une béchamel très serrée, la lier aux jaunes, y ajouter une bonne quantité de fromage de gruyère ou autre. Beurrer une plaque, étendre la pâte. Lorsqu'elle est froide, la détailler en diverses formes, faire paner et frire. Dresser sur serviette avec persil frit.

HORS-D'ŒUVRE DE POISSONS

Filets de Soles en Goujons. — Tailler des filets de soles en goujons, les faire blanchir, les assaisonner sel, poivre, fines herbes, huile et vinaigre. Les dresser en raviers ou en garnir des tartelettes, etc.

Rouget froid en Bouillabaisse. — Faire un fonds à bouillabaisse, bien réduit, un peu relevé. Frire les rougets à l'huile, les saucer à froid avec la sauce, persil haché dessus. Presque tous les poissons prennent cet accommodement.

Nonats. — Blanchir les nonats à l'eau salée, les égoutter à la première ébullition. Assaisonner sel, poivre, fines herbes, huile et vinaigre. Dresser en raviers ou en garnir des fonds d'artichauts, tomates, demi-œufs durs.

Clovisses et Moules. — Cuire les clovisses et moules dans un verre de vin blanc. Dès leur cuisson terminée, les séparer de leur coquille, les assaisonner avec sel, poivre, fines herbes, etc., les lier légèrement avec un peu de mayonnaise moutardée. Dresser en ravier ou en garnir des tartelettes, etc.

Mayonnaise de Poissons. — Tailler des laitues en julienne, les saler pour leur faire rendre l'eau en les pressant. Les dresser sur le fond d'un plat long ou rond. Tailler le poisson froid en morceaux, assaisonner sel, poivre, huile et vinaigre, le dresser sur les laitues, napper le tout d'une mayonnaise bien serrée. Décorer de filets d'anchois, câpres, olives, œufs durs et cœurs de laitues. On peut également dresser en ravier ou dans des coquilles.

Barquettes d'Ecrevisses. — Enlever les queues aux écrevisses, les lier avec de la mayonnaise et en garnir de petites barquettes.

Ecrevisses Bordelaise. — Enlever les queues, les lier avec un fond d'écrevisses bordelaise et les servir dans de petites barquettes.

Crevettes. — On les sert généralement cuites à l'eau salée, dans un ravier. On sert également les queues liées avec de la mayonnaise dans des barquettes; tomates, œufs durs, etc.

Thon Mariné. — Détailler en tranches, dresser dans un ravier garni de petits bouquets, persil haché, blancs d'œufs, jaunes hachés séparément, oignon haché, poivre, huile et vinaigre.

Thon à la Grecque. — Prendre une tranche de thon un peu épaisse, la faire dégorger à l'eau froide jusqu'à ce que ce soit blanc. L'égoutter, la cuire lentement avec oignons émincés, thym, laurier, fenouil, sel, poivre en grains, quelques petites échalotes, deux ou trois gousses d'ail, une bouteille de vin blanc, le jus de trois citrons et trois citrons épluchés et coupés en rondelles. Eviter que le thon ne prenne couleur en cuisant. Le servir tel que, en ravier, terrine, etc.

Escalopes de Homard, Langoustes, etc. — Tailler des escalopes dans une langouste, les napper avec une mayonnaise ou une sauce verte, Tartare, etc. Les décorer et les dresser sur un ravier avec garniture de salade de légumes. On les sert également en ravier à l'huile, vinaigre et fines herbes, sel, poivre, pointe de Cayenne.

Saumon Fumé. — Le détailler en tranches minces. Se sert en ravier avec vinaigre ou nature.

Filets de Harengs Fumés. — Les dresser sur un ravier, napper d'une mayonnaise, garnir d'une salade de légumes ou d'œufs hachés, ou simplement d'une sauce vinaigrette.

Sardines en Marinade. — Sectionner la tête des sardines, les mettre dans un plat entre deux couches de sel gros, pendant trois heures ; ensuite, bien les laver, les essuyer, les huiler et les griller au four à feu vif. Dès qu'elles sont cuites, les coucher dans un plat et les recouvrir de la marinade suivante :

Faire réduire un litre de vinaigre (de moitié), un litre d'eau, oignons émincés, carottes, quelques gousses d'ail, thym, laurier, fenouil, persil en branches et poivre en grains. Laisser mariner deux ou trois jours. Les retirer après ce délai, les placer dans une terrine et les couvrir d'huile d'olive. S'en servir au fur et à mesure des besoins.

Poissons froids à la Provençale. — Ce procédé est applicable à tous les poissons suivants : Rougets, sardines, maquereau, thon, et, en général, à tous les petits poissons.

Enfariner le poisson, l'assaisonner sel, poivre et le cuire à l'huile, à la poêle, avec laurier, ail écrasé. Lorsque le poisson est cuit, le débarrasser dans un plat, ajouter dans la poêle des tomates épluchées, hachées, et cuire vivement pendant 10 minutes ; sel et poivre. Terminer en ajoutant un filet de vinaigre, persil haché et jeter le tout sur le poisson.

Poissons à la Marinade. — Prendre des sardines ou de petits maquereaux, leur sectionner la tête, les nettoyer, les essuyer et les placer ensuite, pendant cinq à six heures entre deux couches de sel gros pilé. Les retirer, les cuire vivement à la poêle, sans trop les colorer, les ranger ensuite dans une terrine.

Préparer une marinade comme suit :

Faire bouillir pendant 30 minutes 1/2 litre de vinaigre blanc, avec autant d'eau, un oignon et une carotte émincés, échalotes, thym, laurier, clous de girofle, persil, fenouil, poivre en grains. Recouvrir les poissons, les laisser pendant deux jours dans cette marinade et les servir avec de l'huile et une cuillère à café de la marinade. Ne pas saler la marinade.

Hors-d'Œuvre de Rougets à la Marseillaise. — Cuire les rougets à l'huile et au four, après les avoir enfarinés. Hacher un oignon, un morceau de poireau, une échalote. Faire revenir légèrement à l'huile, thym, laurier, fenouil, persil, ail écrasé. Ajouter quelques tomates fraîches, pelées et hachées, les cuire 10 minutes environ, les mouiller ensuite avec moitié eau, moitié vin blanc, sel, poivre, safran. Laisser cuire 15 minutes et verser le tout sur les rougets. Les dresser en raviers, saupoudrés de persil haché.

Salade d'Anchois. — Faire dessaler les anchois dans de l'eau froide, enlever les filets, les dresser dans des raviers. Garnir de chaque côté des raviers des jaunes d'œufs et des blancs passés au tamis, oignons hachés, persil, câpres. Arroser les anchois d'un filet de vinaigre et d'huile.

Poutargue de Mulet. — Extraire du poisson (d'une seule pièce) la masse des œufs, en ayant soin de ne pas déchirer l'enveloppe très fine qui les recouvre. La rouler dans le sel fin, la déposer sur un plat et la recouvrir de sel pendant 8 à 10 heures. Après ce laps de temps, l'étaler sur une planche chargée d'un poids pour lui faire rendre toute son humidité. La laisser ainsi sous presse pendant deux jours ; après quoi, bien essuyer avec un linge pour lui enlever l'excédent de sel. La placer ensuite dans un plat et l'exposer au soleil pendant trois ou quatre jours.

Mode d'emploi : On la râpe pour assaisonner une salade de moules, de pommes de terre, de tomates, de céleri, etc. On peut si l'on veut la fumer.

Pissala. — Lever les filets à deux kilos d'anchois frais, les mettre à macérer, par couches, dans un récipient en terre, avec 250 grammes de sel gros pilé, girofle, poivre en grains, thym, laurier, canelle. Les laisser pendant un mois en les remuant de temps en temps. En dernier lieu, passer les anchois au tamis, placer ensuite la purée dans un bocal et recouvrir la surface d'une couche d'huile.

Cette préparation est très appréciée par les populations du littoral de Nice à Menton.

HORS-D'ŒUVRE DE LEGUMES

Salade de Pommes de Terre. — Cuire des pommes qui ne fondent pas en cuisant, les couper ensuite en tranches minces ou en dés. Préparer, d'autre part, deux jaunes d'œufs durs passés au tamis, les délayer avec de l'huile, sel, poivre, moutarde, vinaigre, une cuillère de mayonnaise, persil haché, cerfeuil, estragon.

Mélanger les pommes avec la sauce, les dresser en raviers, les entourer de tranches de tomates coupées minces, de betteraves, etc.

Salade de Tomates. — Les émincer, sel, poivre, huile et vinaigre, rouelles d'oignons; dresser en raviers.

Salade de Choux Rouges. — Les couper en quatre, leur enlever le trognon et les grosses côtes, les tailler en julienne, assaisonner sel, poivre. Les mettre dans une marmite en terre, avec oignons, thym, laurier, gousses d'ail écrasées et les couvrir de vinaigre bouillant. Les sauter de temps en temps. Dresser en ravier en y ajoutant un peu d'huile.

Céleri Cru. — Tailler le céleri en julienne, l'assaisonner avec une vinaigrette moutardée ou mayonnaise, etc. On peut y mélanger une julienne de volaille, betterave, tomates, anchois.

Céleri Rave. — Tailler en julienne, assaisonner avec une mayonnaise.

Tomates à l'Antiboise. — Faire une farce avec : thon, œufs durs, câpres, fines herbes, liées avec une mayonnaise à l'essence d'anchois et en farcir les tomates coupées par moitié. Prendre de préférence de petites tomates.

On peut également farcir les tomates avec de la volaille, du poisson, etc., coupés en petits dés et liés à la mayonnaise.

Concombres. — Les éplucher, les émincer, les saler pour leur faire rendre l'eau, les assaisonner ensuite avec poivre, huile, vinaigre, fines herbes.

Piments. — Les arroser d'huile et les griller entiers à feu doux. Les ouvrir ensuite, enlever les grains, les tailler en grosse julienne, assaisonner sel, poivre, huile et vinaigre.

Cèpes. — Prendre de petits cèpes, bien les laver, les blanchir et les rafraîchir. Les mettre dans un pot avec : petits oignons blanchis, gousses d'ail écrasées, thym, laurier, fenouil, et les couvrir de vinaigre bouillant.

Olives Farcies. — Désosser de belles olives et les farcir avec une purée de thon un peu relevée.

Courgettes à la Portugaise. — Prendre de petites courgettes, les éplucher, les couper en tranches longitudinales, les saler, intercaler entre chaque tranche des lames de tomates; reformer les courgettes, les ficeler comme un saucisson et les cuire ainsi qu'il est indiqué au Céleri à la Grecque.

Salade Russe. — On peut également l'appeler salade « Printanière » et aussi salade « Fermière ».

Carottes, navets, haricots verts, pommes de terre coupées en tout petits dés (moins gros qu'un centimètre, si possible), cuits à l'eau salée. Rafraîchir à l'eau froide, égoutter avec soin et laisser sécher une dizaine de minutes sur serviette pliée. Ensuite mélanger le tout à une mayonnaise épaisse. (On peut encore y ajouter des petits pois frais, pointes d'asperges, choux-fleurs émiettés aussi finement que possible). Y ajouter, très peu, d'un hachis fin de persil, cerfeuil et estragon. Servir, sur ravier ou en saladier, couvert d'une fine couche de mayonnaise parsemée du même hachis de persil, etc. On peut aussi le garnir gracieusement avec des branches de persil, cerfeuil, laitue ou chicorée émincée, lames de truffes, œufs durs, hachés ou en tranches, et encore aussi avec des olives dénoyautées, filets d'anchois, gelée de viande.

Employer toutes ces garnitures à la fois serait peut-être un peu excessif. Il faudra agir ici selon ses réserves en garde-manger, et surtout selon son goût.

Cette salade est une belle ressource pour les déjeuners de cérémonie, soit employée comme hors-d'œuvre, soit comme garniture d'un plat froid.

Elle se prête à toutes les fantaisies possibles. On peut la dresser sur fonds d'artichauts cuits, en ayant soin de choisir ceux-ci de grosseur égale. On peut la mettre également dans des tomates moyennes, préalablement vidées et égouttées, légèrement salées et poivrées à l'intérieur et délicatement arrosées d'un filet de vinaigre et d'huile.

On peut dresser cette salade sur barquettes ou tartelettes. On peut la mettre dans des cornets faits avec des tranches très fines de jambon cuit ou cru; même aussi sur œufs durs à la place du jaune.

En été surtout, on peut arranger un mets qui figurera comme plat dans un menu et donner à celui-ci un nom à sa fantaisie.

HORS-D'ŒUVRE DE DESSERTE DE VIANDE CHARCUTERIE FINE, VOLAILLE, GIBIER, FOIE GRAS

Foie Gras en Barquettes. — Détendre de la purée de foie gras avec de la sauce madère et en garnir les barquettes feuilletées. Décorer de losanges de truffes et de gelée.

On peut encore mélanger la purée de foie gras avec un tiers de crème épaisse, ou bien de la gelée de viande froide, mais non prise. Plus simplement encore, avec du beurre frais d'Isigny.

Salade de Museau de Bœuf. — Citronner fortement un museau de bœuf, le cuire pendant sept à huit heures, avec sel, thym, laurier, oignons, carottes, poivre en grains et jus de citron. Dès qu'il est cuit, l'égoutter, l'émincer et le placer dans une marmite avec : rouelles d'oignons, thym, laurier, poivre en grains, un verre de vin blanc et jus de citron.

La couvrir avec une planchette et mettre un poids dessus. Laisser mariner cinq à six jours avant de servir. On assaisonne ensuite de diverses façons : sauce vinaigre, sauce moutarde, sauce raifort ou nature.

Pieds de Veau. — Cuire des pieds de veau, selon la formule usitée pour la tête de veau. Les désosser, les couper en dés, les lier avec une mayonnaise un peu claire ou une sauce moutarde, ravigote, etc., ou simplement une vinaigrette.

Langue de Veau. — Cuire une langue de veau et la détailler en tranches. Les saucer d'une mayonnaise claire ou moutarde et les garnir d'une salade de légumes, pommes de terre, etc.

Cervelle. — Escaloper une cervelle, saucer avec de la mayonnaise ; dresser dans un ravier et mettre autour des quartiers d'œufs durs.

Canapés. — On fait des canapés aux anchois, au foie gras, au fromage, etc. Ce sont des tranches de pain que l'on fait griller, coupées très minces, et que l'on tartine de beurre frais. Elles doivent être de dimensions restreintes. On se sert généralement de pain de mie.

Canapé au Caviar. — Couper en tranches minces du pain de mie, les griller, les tartiner de beurre et ensuite de caviar.

Canapé aux Anchois. — Couper des tranches de pain comme ci-dessus, les griller, les tartiner au beurre d'anchois, placer sur chacun des petits filets d'anchois. Les garnir de côté de petits bouquets de jaunes d'œufs durs passés au tamis. De l'autre côté, garnir de blancs également tamisés, en intercalant entre eux des petits bouquets de persil haché.

Canapé à la Provençale. — Même opération que pour les Canapés au Caviar, en remplaçant celui-ci par de la Tapenade. (Voir la formule dans les Hors-d'Œuvres.)

Canapé au Foie Gras. — Couper des tranches de pain, les griller, les tartiner de beurre et ensuite de foie gras. Les décorer avec un cordon de gelée autour.

Canapé au Jambon. — Hacher du jambon cuit, un peu maigre, en garnir les canapés grillés et tartinés au beurre frais.

Canapé à la Langue. — Même opération que ci-dessus.

Desserte de Pot-au-Feu. — Emincer finement le pot-au-feu, après l'avoir débarrassé de sa graisse. Dresser les tranches dans un ravier et les entourer de lames de tomates. Saucer avec une sauce ravigote.

Autre Formule. — Dresser le bœuf comme ci-dessus. Saucer avec une sauce mayonnaise, quartiers d'œufs durs autour.

Salade de Bœuf Provençale. — Cuire des pommes de terre en robe de chambre, les éplucher et les émincer finement. Eplucher également un concombre, que l'on coupe en tranches fines. Préparer une vinaigrette moutardée, avec quelques jaunes d'œufs hachés, tenir la vinaigrette un peu relevée. Tailler des tranches de bœuf très minces, mélanger le tout ensemble. Dresser dans un saladier avec des rondelles de tomates autour et saupoudrer de fines herbes hachées.

Pieds de Mouton Ravigote. — Cuire les pieds comme il est indiqué au chapitre du Mouton, les couper en deux, les assaisonner sel, poivre et les saucer avec une ravigote.

Mayonnaise de Volaille. — On apprête ce mets avec de la desserte de volaille. Emincer les morceaux de volaille, couper une laitue en julienne, assaisonner avec sel et poivre; laisser quelques minutes.

Les exprimer pour leur enlever l'eau et en garnir le fond d'un saladier. Ranger dessus les morceaux de volaille, les ccuvrir de mayonnaise. Garnir le pourtour de quartiers d'œufs durs, de quartiers de cœurs de laitue et la surface de filets d'anchois, d'olives vertes et de quelques câpres.

HORS-D'ŒUVRE D'ŒUFS

Œufs Durs Farcis. — Durcir des œufs, les couper en deux transversalement, enlever le jaune, le passer au tamis, mélanger avec de la mayonnaise un peu ferme. Assaisonner sel, poivre, muscade, moutarde. Hacher : persil, cerfeuil, estragon, mélanger dans la pâte, en farcir les œufs et les dresser dans un ravier.

Autre Formule.— Couper les œufs durs par moitié, transversalement, enlever le jaune, le piler au mortier avec un morceau de cervelle, ajouter un peu de mayonnaise un peu serrée. Farcir les blancs avec cette pâte qui doit être un peu relevée.

On peut également farcir des tomates avec cette préparation.

Œufs Durs Mayonnaise. — Les couper en deux, les ranger dans un ravier et les couvrir de mayonnaise. Saupoudrer le dessus de fines herbes.

On traite de la même façon les œufs pochés.

CHAPITRE VI

BOUCHERIE

BŒUF

Formule générale des pièces de bœuf braisées :

On prend généralement, pour braiser, la pointe de culotte, que l'on traverse de gros lardons dans le sens des fibres de la viande.

Mettre le bœuf à braiser dans une casserole, le passer au four jusqu'à ce qu'il commence à colorer ; ajouter alors oignons, carottes, couenne de lard, thym, laurier, ail.

Dès que cette mirepoix commence à prendre couleur, ajouter des tomates concassées, qu'on laisse cuire 10 à 15 minutes. Ajouter du vin rouge, que l'on fait réduire aux trois quarts. Mouiller ensuite avec du fond de veau ou, à défaut, du jus, qu'on lie avec de la farine délayée dans de l'eau; laisser cuire le temps nécessaire.

Il est très facile de se rendre compte lorsque le bœuf est cuit. Il suffit de plonger une fourchette dans le bœuf; s'il est cuit à point, la pointe de cette dernière doit entrer facilement.

Assaisonnement : sel, poivre en grains, épices.

Sauce fondamentale pour les viandes braisées, sautées, etc. : Bœuf, mouton, agneau, veau.

Bœuf en Daube. — Prendre du bœuf entrelardé, le couper en morceaux carrés, l'assaisonner sel, poivre, épice, thym, laurier, ail, deux carottes coupées en quatre. Hacher un morceau de lard gras, le faire fondre dans une marmite en terre, y ajouter un tout petit oignon haché qu'on fait colorer et y joindre une cuillerée de sauce tomates.

Introduire le bœuf dans la marmite, le couvrir hermétiquement, le laisser suinter pendant une heure à petit feu, jusqu'à ce qu'il ait rendu tout son suc. Ajouter alors du bon vin rouge jusqu'à hauteur des morceaux et laisser finir de cuire à petit feu.

Bœuf à la Mode. — Braiser le bœuf comme il est indiqué plus haut. Cuire avec le bœuf des pieds de veau.

Couper des carottes en quatre que l'on cuit à l'eau et au sel, avec un morceau de beurre et une pincée de sucre jusqu'à complète évaporation.

Glacer, d'autre part, des petits oignons, que l'on mélange aux carottes. Couper les pieds de veau en dés, mélanger ces trois garnitures en les mouillant avec le jus de bœuf et servir la garniture autour du bœuf.

Bœuf Braisé Nivernaise. — Opérer comme ci-dessus, en supprimant les pieds de veau.

Bœuf Nature Flamande. — Cuire le bœuf comme pour le pot-au-feu. Ajouter un chou, du lard maigre et des saucisses salées. Pommes nature à part. Dresser les légumes autour du bœuf, avec des tranches de lard et saucisses.

Filets, Contre-Filets. — Se fait rôtir à four vif. Temps de cuisson environ un quart d'heure par livre. On le sert généralement avec une ou plusieurs garnitures. Au dernier moment, on se trouvera bien d'y ajouter, avant la cuisson complète, une petite mirepoix de carottes et d'oignons.

Quand on retire le rôti, déglacer la plaque avec du jus ou de l'eau, après l'avoir dégraissée. Laisser bouillir quelques minutes et passer au chinois.

Pour les diverses garnitures accompagnant ces pièces, voir au Chapitre spécial « Garnitures diverses ».

Filet ou Contre-Filet Provençale. — La pièce, traitée comme ci-dessus, est garnie de tomates à la provençale et de pommes frites coupées en bâtonnets. Au sortir de la friture, les sauter à la poêle, à l'huile, et les saupoudrer de persil et d'ail hachée.

Contre-Filet ou Filet Portugaise. — Garni de tomates farcies et de pommes rissolées.

Contre-Filet ou Filet Primeur. — Garni de carottes, navets glacés, petits pois, laitues braisées et pommes parisienne.

Sauté de Bœuf. — Toujours choisir pour les sautés de la viande un peu entrelardée, de la pointe de culotte, etc. Hacher du lard, le mettre à fondre dans une poêle. Dès qu'il est très chaud, ajouter les morceaux de bœuf et leur faire prendre couleur vivement, avec quelques morceaux d'oignons, carottes coupées en dés, ail, bouquet garni ; assaisonner sel, poivre et épices. Lorsque le bœuf est coloré, le saupoudrer de farine et laisser passer quelques minutes. Retirer la viande dans une casserole et enlever le trop de graisse de la poêle. Déglacer le fonds avec du vin rouge, le laisser réduire de moitié et l'ajouter au bœuf. Finir de mouiller avec du jus ou, à défaut, avec de l'eau.

Sauté de Bœuf Bourguignon. — Sauter selon la formule ci-dessus, garniture : petits oignons glacés et lardons de lard fumé.

Sauté de Bœuf Marinière. — Comme ci-dessus : garniture : champignons et carottes coupées en quatre.

Carbonade de Bœuf Flamande. — Tailler des petits beefsteaks dans le haut du contre-filet. Les sauter vivement à la poêle. Mettre en casserole, avec un peu de vin blanc qu'on laisse réduire, bouquet garni, ail, sel, poivre et épices.

Au préalable, émincer des oignons, qu'on passe à la poêle sans trop les faire colorer, les cuire lentement et les ajouter aux beefsteaks.

Finir de mouiller à la bière, serait-elle un peu aigre, cela n'en vaudrait que mieux. Cuire au four. On sert généralement avec une purée de pommes ou des pommes nature.

Gulasche Hongrois.— Le gulasche est le plat national hongrois. On le prépare indifféremment avec du bœuf ou du veau.

Il est essentiel d'avoir du bon Paprika pour la composition de ce plat.

Détailler de petits morceaux de bœuf, assez minces. Assaisonner sel, poivre et Paprika. Les faire rissoler vivement. Emincer d'autre part, des oignons, les laisser mijoter doucement dans la graisse, sans qu'ils prennent couleur. Mélanger les oignons à la viande, avec bouquet garni, grains d'ail et saupoudrer de farine. Mouiller à l'eau, tomates concassées et finir de cuire au four.

Rissoler quelques pommes de terre, lorsqu'elles sont cuites aux trois quarts, les incorporer au Gulasche.

Hachis de Bœuf Parmentier. — Cette entrée se prépare lorsqu'on a de la desserte de bœuf, que l'on hache finement. Avoir, au préalable, haché un oignon, que l'on fait revenir dans un sautoir, y ajouter le hachis; assaisonnement : sel, poivre, muscade et ail et persil haché. Ajouter une cuillerée ou deux de fonds de veau, laisser mijoter quinze minutes. Verser le hachis dans un plat à gratin et le couvrir avec une purée de pommes de terre. Le ciseler avec le dos d'un couteau, le saupoudrer de fromage râpé, beurre et gratiner au four.

Alouettes sans Tête.— Couper des morceaux de maigre de bœuf, un peu minces, les aplatir avec le couperet, les assaisonner avec sel, poivre, épices et pointe de muscade. Préparer, d'autre part, un petit hachis de veau, petit salé, persil et ail, bien assaisonné. Battre un œuf cru et bien le mélanger au hachis. Farcir les morceaux de bœuf, les rouler, les lier avec du fil. Préparer dans un sautoir des bardes de lard, carottes et oignons émincés, que l'on fait revenir quelques minutes. Ranger les morceaux un à un, les mettre au four et les faire suer. Mouiller au vin blanc, laisser réduire, ajouter du fonds de veau et finir de cuire au four à l'étouffée. Lier à la fécule. Dresser les alouettes dans un plat et passer la sauce dessus.

Fricadelle de Bœuf. — Hacher finement des queues de filet, morceaux de contre-filet, etc., en général des morceaux tendres. Assaisonner sel, poivre, muscade et échalotes hachées. Former des boules roulées dans la farine, que l'on fait cuire au beurre. La cuisson terminée, ajouter une échalote hachée au beurre et demi-verre de vin blanc, le laisser réduire et y ajouter une cuillerée de fonds de veau et fines herbes.

Queue de Bœuf Ménagère. — Couper une queue de bœuf en tronçons, assaisonner sel, poivre et épices. Les rissoler avec : lard haché et une bonne mirepoix, couenne, lardons de lard maigre et dés de jambon cru. Saupoudrer de farine.

Mettre dans une casserole, mouiller au vin rouge et laisser réduire. Ajouter du fonds de veau et finir de cuire à feu doux à l'étouffée, avec ail et bouquet garni.

D'autre part, cuire : petits oignons, carottes, navets, que l'on ajoute à la queue de bœuf lorsqu'elle est presque cuite, en ayant soin, au préalable de passer la sauce. Laisser mijoter les légumes quinze minutes avec les tronçons.

ENTRE-COTES

Entrecôte Marchand de Vin. — Couper une entrecôte, l'assaisonner : sel, poivre, et la sauter au beurre. Dès qu'elle est cuite, c'est-à-dire encore saignante, la dresser sur un plat.

Déglacer le fonds avec un verre de vin, échalote hachée, pointe d'ail et laisser réduire complètement. Ajouter un morceau de glace de viande ou, à défaut, de fonds de veau et y incorporer un morceau de beurre en le fouettant et un jus de citron.

Verser autour de l'entrecôte.

Entrecôte Bercy. — Entrecôte grillée ou sautée. Saucer au moment de servir avec un beurre Bercy. (Voir au Chapitre des Sauces.)

Mirabeau. — Entrecôte grillée, garnie de pommes paille, filets d'anchois roulés et surmontés d'olives désossées. Saucer au beurre d'anchois.

Ménagère. — Entrecôte sautée au beurre, à retirer une fois cuite. Faire revenir : échalote hachée dans le beurre, déglacer au vin blanc, pointe d'ail, sel, poivre et faire réduire. Aujouter une cuillerée de fonds de veau. Garnir pommes sautées avec des lardons maigres et petits pois.

TOURNEDOS

Les tournedos sont pris généralement sur le filet et principalement du côté de la queue. On les grille ou on les fait sauter au beurre, mais, dans les deux cas, toujours à feu vif. Ils doivent être servis saignants. Les tournedos se servent généralement sur un croûton de pain frit de leur diamètre.

Tournedos au Madère. — Sauter les tournedos, les déglacer au madère. Ajouter une cuillerée de fonds de veau et verser la sauce madère dessus.

Tournedos Champignons. — Sauter les tournedos, les déglacer au vin blanc avec fonds de veau et champignons.

Tournedos Jardinière. — Sauter, comme il est dit au tournedos madère et garnir avec une jardinière.

Tournedos Béarnaise. — Griller et servir avec une Béarnaise à part.

Tournedos Lorenzoff. — Sauter selon la formule, garnir avec escalope de foie gras que l'on intercale entre chaque tournedos; quartiers d'artichauts et sauce Périgueux.

Tournedos Henri IV. — Sauter, garnir de morilles et de truffes.

Tournedos Richelieu. — Sauter avec salpicon de truffes, champignons et jambon.

Tournedos Lavallière. — Sauter avec cordon de Béarnaise et bouquet de pointes d'asperges.

Tournedos Helder. — Sauter et garnir tomates concassées, pommes, noisettes et sauce béarnaise.

Tournedos Louisette. — Sauter au madère et garnir de quartiers d'artichauts, de pointes d'asperges et de cèpes.

Tournedos Strasbourgeoise. — Sauter au madère et garnir de foie gras truffé et de dés de petites saucisses grillées.

Tournedos Toulonnaise. — Sauter au madère et garnir de tomates concassées et de rondelles d'aubergines.

Tournedos Jacqueline. — Sauter au porto et garnir de rondelles de moelle de tomates garnies, de petits pois et de pointes d'asperges.

UTILISATION DE LA DESSERTE DE BŒUF

Bœuf au Gratin. — Emincer quelques champignons, les sauter au beurre avec échalotes hachées, réduction de vin blanc et fonds de veau. Couper la desserte de bœuf, que l'on range dans un plat en y versant le fonds dessus, chapelure et gratiner au four.

Hachis de Bœuf Parmentier. — Hacher finement les morceaux de bœuf bouilli ou braisé. Faire revenir dans une casserole de l'oignon haché. Dès qu'il est coloré, incorporer le hachis, assaisonner sel, poivre, muscade, ail et persil hachés et laisser revenir quelques minutes. Ajouter de la sauce tomate et du fonds de veau. Laisser mijoter dix minutes et dresser dans un plat à gratin. Avoir, au préalable, préparé une purée de pommes, dont on recouvre le hachis. Avec la lame d'un couteau, faire quelques ciselures sur la purée, saupoudrer de fromage et gratiner au four.

Croquettes de Bœuf. — Hacher le bœuf finement. Faire revenir de l'oignon haché dans une casserole. Dès qu'il est coloré, incorporer le bœuf et assaisonner avec sel, poivre, muscade et pointe d'ail. Le mouiller avec du fonds de veau, mais le tenir très épais. Faire une purée de pommes de terre, la lier aux jaunes d'œufs, mélanger le hachis avec la purée et laisser refroidir. Lorsqu'il est froid, former des croquettes et les enfariner. Les paner ensuite à l'œuf battu et à la chapelure, et frire à friture très chaude. Servir une sauce tomates à part.

Bœuf Sauté Lyonnaise. — Emincer le bœuf, rissoler à la poêle, lentement, des oignons émincés finement. Lorsqu'ils sont colorés, y ajouter le bœuf et faire sauter à la poêle, en assaisonnant sel, poivre et pointe d'ail.

TRIPES

Tripes à la Mode de Caen. — 5 livres de tripes, 1 pied de bœuf, 4 gousses d'ail, 3 clous de girofles, bouquet garni, poireau, 2 carottes, 2 gros oignons, 50 grammes poivre en grains, dont la moitié écrasés, 3 grammes épices et pointe de muscade, 50 grammes sel gros, cognac, vin blanc et cidre.

Empoter dans une marmite en terre, en ayant soin de mettre au fond une assiette retournée.

Mouiller les tripes juste à leur hauteur, les couvrir dès qu'elles prennent l'ébullition, boucher les vides qu'il peut y avoir entre le couvercle et la marmite, pour qu'elles cuisent, à l'étouffée, huit heures. Sortir les morceaux de tripes et les pieds que l'on désosse. Passer le fonds dessus. On sert généralement dans de petites cocotes.

Tripes à la Provençale. — Même procédé que les pieds et paquets, un morceau de pied de bœuf à la place des pieds de mouton.

Tripes Lyonnaise. — Cuire vos tripes, bien nettoyées, blanchies avec eau, sel, oignons, carottes, bouquet garni, poivre en grains et ail. Six heures de cuisson. Emincer, d'autre part, des oignons que l'on rissole à la poêle. Dès qu'ils sont cuits, ajouter les tripes coupées en lanières, les sauter avec les oignons pendant 10 minutes et saupoudrer de persil en les servant.

Tripes Poulette. — Cuire les tripes ainsi qu'il est indiqué à la Lyonnaise ; préparer un velouté avec leur cuisson, le lier aux jaunes d'œufs, beurre et citron et le passer sur les tripes.

FOIE ET ROGNONS DE BŒUF

Nous ne donnerons point de détail sur le foie et les rognons de bœuf, estimant, pour notre part, ces mets de qualité inférieure.

Les maîtresses de maisons pourront d'ailleurs les utiliser en se référant aux rognons de mouton et foie de veau.

Langue de Bœuf Braisée. — Blanchir la langue quelques minutes afin d'enlever plus facilement la peau et la braiser selon la formule du bœuf braisé. Se sert avec les mêmes garnitures que le bœuf.

Langue Ecarlate. — Piquer la langue dans tous les sens avec une aiguille à brider. La frotter ensuite vivement avec une préparation de dix parties de sel et une de salpêtre. La placer dans un petit tonneau avec le sel et le salpêtre, dessus, une planchette et un poids pour la tenir pressée.

La laisser 10 à 15 jours dans cette saumure.

Lorsqu'on désire s'en servir, la faire dessaler pendant un jour dans de l'eau froide.

La cuire dans de l'eau non salée pendant quatre ou cinq heures.

Langue Sauce Piquante. — Braiser la langue selon la formule et préparer une sauce piquante. Saucer dessus.

VEAU

Le veau se braise généralement de la façon suivante :

Faire partir le morceau de veau sur le fourneau, soit avec du saindoux ou du dégraissé de consommé.

Le faire colorer des deux côtés, y ajouter : oignons, carottes, laurier, thym, ail et tomate. Déglacer au vin blanc, sel, poivre et cuire à l'étouffée, au four doux.

Selon la façon dont on doit l'employer, il n'est pas utile de lier le jus.

Fricandeau Petits Pois. — Le fricandeau est pris dans le cuissot, dans la noix généralement et la sous-noix. On taille la noix en deux et l'on aplatit les deux parties fortement ; on les pique avec des lardons et on les braise selon la formule ci-dessus. En servant, garnir avec des petits pois.

Fricandeau Bourgeoise. — Braiser avec garniture de carottes, petits oignons glacés, cuits à l'eau avec sel, beurre, et sucre. Quelques petits pois frais.

Fricandeau Jardinière. — Braiser et garnir avec une jardinière de légumes.

Fricandeau à la Gelée. — Braiser, sans lier le jus. Servir froid avec le jus qui doit être en gelée.

Sauté de Veau Bourgeoise. — Pour les sautés, on prend généralement de l'épaule et de la poitrine.

Couper le veau en morceaux, les passer vivement au sautoir. Dès qu'ils sont colorés, ajouter de l'oignon haché et des échalotes et les faire colorer. Ajouter aussi de la tomate et une réduction de vin blanc, ail, thym, laurier, sel et poivre.

D'autre part, glacer des petits oignons, des carottes et quelques petits pois frais. Dès que le veau est cuit, retirer les morceaux et passer la sauce dessus. Ajouter la garniture, laisser mijoter quelques minutes et servir.

Blanquette de Veau. — Détailler en morceaux, poitrine, épaule, etc., les blanchir, bien les rafraîchir. Les mettre en casserole avec ail, oignons piqués de clous de girofle, carottes et laurier ; mouiller à l'eau, avec sel, poivre et muscade. Dès la cuisson terminée, faire revenir avec une cuillerée de farine, ajouter le bouillon de veau et délayer au fouet. Laisser cuire 15 minutes, lier au beurre et crème et jus de citron. Les remettre à l'ébullition quelques minutes. Dresser les morceaux dans un légumier et saucer dessus. Saupoudrez de persil haché en servant.

Blanquette de Veau à l'Ancienne. — Comme ci-dessus, garnie de champignons et de petits oignons glacés.

Sauté de Veau Marengo. — Sauter comme la formule, bien tomaté, avec garniture de petits oignons et de champignons.

Sauté de Veau Printanier. — Sauter avec garniture de carottes, navets et petits pois. Les carottes et navets coupés en quatre et quelques petits pois frais.

Currie de Veau Indienne. — Détailler les morceaux de veau, les sauter avec oignons hachés, les saupoudrer de farine et de currie. Mouiller au bouillon ou à l'eau. Dès que le veau est cuit, séparer les morceaux de la sauce et passer cette dernière au chinois sur les morceaux. Cuire du riz Caroline à l'eau et au sel, pendant 18 à 20 minutes, l'égoutter, le rafraîchir et le laisser sécher à l'étuve. Servir le riz à part.

Sauté de Veau Chasseur. — Sauter selon la formule et garnir aux champignons émincés.

Tendrons de Veau Ménagère. — Tailler les tendrons dans la poitrine, de l'épaisseur de deux doigts. Assaisonner sel, poivre et les faire sauter. Lorsqu'ils sont colorés, ajouter oignons, carottes en quartier et bouquet garni. Lorsqu'ils sont rissolés, déglacer au vin blanc et tomates. Finir de cuire et servir avec une garniture de petits pois, oseille, etc.

Côte de Veau Bonne Femme. — Sauter la côte de veau dans un petit sautoir, au beurre, pendant vingt minutes. A mi-cuisson, ajouter des pommes nouvelles, du lard maigre et déglacer au vin blanc.

Côte de Veau Milanaise. — Détailler votre côte mince, l'aplatir et l'assaisonner sel et poivre. La paner et la cuire au beurre. Garnir avec des nouilles et des macaronis.

Escalopes. — Les escalopes prennent la même garniture que les côtelettes et la façon de les cuire est la même.

Grenadins. — Les grenadins sont de petites escalopes que l'on taille en rond et que l'on pique avec des lardons. Cuits comme les escalopes, ils supportent les mêmes garnitures.

Grenadins à la Dreux. — Braiser, avec garniture de truffes, de champignons et de fonds de veau bien tomaté.

Grenadins Archiduc. — Sauter et déglacer à la crème.

Grenadins Créole. — Sauter avec oignons émincés, champignons, tomates concassées. Cuire le tout ensemble et déglacer au vin blanc.

Grenadins Marie-Antoinette. — Sauter et intercaler entre chaque grenadin une tranche de lard maigre, fumé, grillé. Semer dessus des jaunes d'œufs hachés, persil, jus de citron. Au moment de servir, verser un beurre noisette dessus.

Paupiettes de Veau Braisées. — Même formule que les paupiettes de bœuf et même préparation. Se servir de débris de veau pour faire la farce. Garniture : petits pois, champignons, olives, etc.

Paupiettes Niçoises. — Aplatir des escalopes très minces, prises dans la noix ou dans la longe, les couper à peu près égales, assaisonner sel, poivre. Hacher du jambon cru et les parures de veau, avec la chair de quelques olives noires, une pointe d'ail, persil et poivre. (Pas de sel, les olives et le jambon étant assez salés.) Etendre de ce hachis sur chaque escalope, les rouler et les attacher aux deux extrémités. Les faire braiser vivement et déglacer au vin blanc. Ajouter du fonds de veau et jus de citron. Blanchir quelques olives noires et les incorporer dans les paupiettes.

RIS DE VEAU

Le ris de veau est un mets très délicat. Il doit toujours être mis à dégorger dans l'eau avant la cuisson et doit aussi, au préalable, être blanchi. Le braisage se fait de la même façon que les autres parties du veau ; on le grille également. Dans tous les cas, il doit être piqué de petits lardons. Il faut toujours le dénerver avant de le cuire. La cuisson ne demande pas plus de cinquante minutes. Le ris de veau est servi avec toutes sortes de garnitures : petits pois, haricots verts, jardinière, etc.

Ris de Veau des Ombiaux. — On cuit les ris de veau au beurre ; on coupe des tranches de foie gras que l'on trempe dans de la farine, puis on les met à la casserole.

On a fait cuire de fines asperges dont on ne sert que les pointes saupoudrées de persil.

Le tout sur le même plat.

Ris de Veau Glacés. — Prendre une paire de ris de veau que l'on aura, au préalable, blanchis, dénervés et dégorgés. Les placer sur un linge recouvert d'une petite planchette chargée d'un poids de un kilo environ. Piquer les ris avec des lardons de lard gras. Faire revenir les ris dans un sautoir, au beurre, avec les parures. Dès qu'ils commencent à prendre couleur, ajouter une petite mirepoix que l'on aura fait colorer. Déglacer au vin blanc et mouiller avec un bon fonds de veau. Cuire trente minutes à four doux. Sortir les ris, dégraisser le fonds que l'on verse dans la casserole avec ces derniers. Faire la réduction et le glaçage des ris.

Ris de Veau Financière. — Cuire les ris comme il est indiqué plus haut. Servir autour : champignons, truffes, quenelles, rognons de coqs, olives désossées et foies de volailles. Saucer avec une bonne sauce financière à laquelle on aura ajouté le fonds des ris et du madère.

Ris de Veau Toulousaine. — Braiser à blanc, avec garniture identique à la financière incorporée dans une sauce Toulouse. Dresser sur croûtons.

Escalopes de Ris de Veau Panées. — Prendre des escalopes sur des ris de veau blanchis ; les aplatir légèrement, les assaisonner sel, poivre, les passer dans la farine, les paner à l'œuf battu et à la panure et cuire au beurre. On les garnit de petits pois, jardinière, pointes d'asperges, etc.

Croquettes de Riz de Veau. — Opérer comme pour les croquettes de volaille.

Cromeskis de Ris de Veau. — Même appareil que les croquettes. Rouler en petites boules dans de la farine, les tremper dans de la pâte à frire et les plonger dans la friture bouillante. Servir avec persil frit.

TÊTE DE VEAU

Désosser une tête de veau, la faire blanchir et la flamber pour détruire les poils. La détailler en morceaux et la mettre à cuire dans de l'eau salée avec un oignon piqué de clous de girofles, carottes, bouquet garni, poivre en grains et un ou deux citrons dont on aura complètement levé la peau, pour la rendre bien blanche.

Tête de Veau Ravigote. — Cuire comme ci-dessus. Dresser sur serviette avec bouquet de persil en branches, quartiers d'œufs durs et sauce ravigote.

Tête de Veau Financière. — Cuire comme ci-dessus et servir avec une sauce financière.

Tête de Veau Tortue. — Cuire comme ci-dessus, détailler en petits morceaux et saucer avec un fonds de veau auquel on ajoute une infusion de marjolaine, sauge et romarin, et une garniture de petits oignons, champignons, truffes, quenelles, olives vertes désossées, cornichons et croûtons.

Fritot de Tête de Veau Sauce Tomates. — Préparer de petits morceaux de tête de veau, les assaisonner avec sel, poivre, persil haché, jus de citron et huile, et laisser macérer.

Les tremper dans une pâte, les cuire à la friture bouillante et servir avec une sauce tomates.

Foie de Veau Braisé. — Prendre un beau foie, le parer, le larder avec des lardons de lard gras et le braiser comme le bœuf. Servir avec une sauce piquante ou sauce tomates, etc.

Foie de Veau Moissonnière, — Détailler le foie en escalopes, les sauter vivement à la poêle, après les avoir assaisonnées. D'autre part, émincer des oignons finement et les faire revenir à la poêle jusqu'à ce qu'ils soient colorés. Les mettre en casserole avec le foie et ajouter du vin rouge que l'on laisse réduire. Bouquet garni, sauce tomates, filet de vinaigre, mouiller au bouillon et ail, et cuire 25 à 30 minutes.

Foie de Veau à l'Italienne. — Détailler le foie en escalopes, les assaisonner, les enfariner et les cuire vivement à la poêle. Saucer avec une sauce italienne.

Foie de Veau Persillé. — Détailler en escalopes et cuire comme ci-dessus. Dresser les tranches sur un plat et les arroser avec du jus de rôti et persil haché. Au dernier moment, y jeter un beurre noisette.

Foie de Veau Grillé à l'Américaine. — Cuire comme ci-dessus ; dresser avec des morceaux de lard maigre fumé et des tomates grillées.

Brochettes de Foie. — Détailler le foie en morceaux carrés. Trancher des morceaux de lard maigre d'égale grosseur, assaisonner sel, poivre. Embrocher les morceaux de foie et de lard à une brochette. Les griller après les avoir, au préalable, trempés dans le beurre fondu et de la mie de pain. Servir avec une Maître d'Hôtel.

Foie de Veau à la Minute. — Emincer finement le foie, assaisonner, le sauter vivement à la poêle et au beurre. L'égoutter et le servir avec une sauce diable.

CERVELLES

Les cervelles doivent toujours être mises à dégorger avant de les cuire et débarrassées de la peau qui les recouvre.

Cervelle au Beurre noir — Blanchir, auparavant, la cervelle, avec un bouquet garni, filet de vinaigre, laurier. L'escaloper, tremper les escalopes dans la farine et les cuire dans du beurre à la poêle. Les dresser sur un plat avec quelques câpres, jus de citron et persil concassé. Au moment de servir, jeter un beurre noisette dessus.

Beignets de Cervelle. — Détailler une cervelle en morceaux carrés, l'assaisonner sel, poivre, huile, fines herbes, et laisser macérer. Les placer dans un plat long et y verser de la pâte à frire dessus. Les prendre avec une cuillère et les jeter dans la friture bouillante. Se servent généralement avec une sauce tomates.

Langue de Veau. — La langue de veau se braise comme celle de bœuf. On la sert avec une sauce tomates ou piquante.

Pieds de Veau. — Les pieds de veau se préparent comme les pieds de mouton. On les utilise aussi comme hors-d'œuvres.

Fraises de Veau. — Les fraises se cuisent à l'eau, sel, bouquet garni et filet de vinaigre. Elles se servent généralement à la vinaigrette.

Pâté de Veau Truffé. — Préparer une pâte à patés. (Voir la formule au Chapitre Pâtisserie.) Passer à la machine à hacher : 400 grammes de maigre de veau, 400 grammes de porc, 200 grammes de lard gras. Piler ensuite au mortier, assaisonner sel, poivre, muscade et ajouter du rhum et du madère. Passer au tamis.

Préparer, d'autre part, des lardons de porc, de veau et de lard gras, assaisonnez-les sel, poivre, muscade, rhum, madère et laisser macérer. Foncer le moule avec cette pâte. Couper la pâte au bord du moule, tout en la laissant un peu dépasser, de façon à pouvoir la réunir avec le couvercle du pâté. Tapisser l'intérieur de bardes de lard très fines. Mettre au fond une couche de farce ; sur cette couche, ranger côte à côte, en les alternant, des lardons dans leur longueur, ajouter des morceaux de truffes et de jambon cru. Remettre une nouvelle couche de farce et de lardons et ainsi de suite jusqu'à ce que le moule soit plein, en terminant par de la farce. On peut y ajouter quelques pistaches. Donner une forme bombée à la farce avant d'y mettre le couvercle. Humecter avec de l'eau les parois de la pâte qui entoure le moule, faire une abaisse de pâte dont on recouvre la farce, souder ensemble et pincer avec une pince à pâtés. Décorer le dessus avec les morceaux de pâte qui restent. Faire une cheminée en incisant la pâte et en y mettant un petit morceau de carton blanc qui fait office de cheminée, de façon que la vapeur puisse s'échapper par cet orifice pendant la cuisson. Dorer avec un jaune d'œuf mélangé avec de l'eau. Cuire à four modéré, en le recouvrant de papier huilé pour que le couvercle ne colore pas trop, deux à trois heures de cuisson, selon grosseur.

Dès la cuisson terminée, on le laisse refroidir et on y coule de la gelée liquide froide.

On reconnaît que la cuisson est terminée, lorsque l'on observe par la cheminée retirée que le jus est clair à l'endroit de l'ébullition.

MOUTON

On utilise les gigots, les carrés, les selles, commes rôtis ou grillades. Les épaules, les poitrines et les cous comme ragoûts.

Pour les rôtis ou grillades, le mouton doit être bien rassis.

Pour les gigots à rôtir, le temps de cuisson est de un quart d'heure par livre. Il en est de même pour ces derniers, bouillis à l'anglaise.

Le mouton grillé ou rôti doit être servi saignant.

Pour les parties que l'on veut braiser, procéder de la même façon que pour le bœuf.

Gigot de Mouton au Pot-Pourri. — Braiser un beau gigot. Quand il a pris couleur des deux côtés, l'assaisonner sel et poivre, ajouter des petits oignons préalablement blanchis qu'on fait dorer. Incorporer des quartiers de carottes, pieds de céleris, gousses d'ail, olives vertes désossées, quartiers d'artichauts et tomates concassées. Mouiller au vin blanc que l'on laisse réduire. Ajouter du bouillon et laisser cuire à l'étouffée pendant trois heures. Servir avec sa garniture.

Gigot de Mouton Bretonne. — Braiser un gigot selon la formule, avec des couennes de lard. Cuire des haricots frais ou secs, les ajouter dans le fonds du gigot et les laisser mijoter. Mélanger les couennes avec des haricots coupés en petits dés. On peut aussi, pour ce plat, se servir des épaules.

Gigot Boulangère. — Rôtir un gigot. Quand il est rôti à moitié, mettre dans le plat où il cuit un lit de pommes coupées en gousses d'ail ou émincées, des petits oignons blanchis, un bouquet garni et assaisonner sel et poivre.

Remettre le gigot sur les pommes et continuer la cuisson au four; arroser souvent le gigot et les pommes avec du beurre fondu.

Le servir tel quel sur table.

Gigot de Mouton Bouilli à l'Anglaise. — Le gigot de mouton préparé ainsi doit être extrêmement rassis.

Le cuire à l'eau salée, avec bouquet poireaux, carottes, céleri et oignon piqué. Temps de cuisson quinze minutes par livre. Le gigot doit être servi saignant.

Cuire, d'autre part, haricots verts, carottes, navets, choux-fleurs, pommes de terre; chacun de ces légumes doit être cuit à part et servi en bouquets autour du gigot. On sert généralement une sauce câpres que l'on confectionne avec le bouillon de mouton.

Les maîtresses de maison qui préféreraient le gigot bien cuit n'auront qu'à le laisser cuire environ une heure par livre. On peut servir avec un flacon de sauce anglaise.

Les **Gigots Rôtis, Selles** et **Carrés** prennent les même garnitures indiquées au chapitre « Garnitures de Grosses Pièces ». Les **Noisettes** subissent les mêmes préparations que les **Tournedos.** On les prend généralement dans la selle préalablement désossée.

Navarin Printanier. — Prendre de l'épaule et de la poitrine. Les détailler en morceaux carrés et les faire revenir vivement à feu vif dans un sautoir. Dès que les morceaux sont colorés, ajouter des oignons coupés en gros dés, que l'on fait roussir avec le mouton. Dès qu'il a pris couleur, faire revenir des tomates fraîches concassées ou du coulis, mouiller au vin blanc et laisser réduire. Ajouter du jus ou de l'eau de façon que les morceaux soient couverts. Faire prendre l'ébullition, assaisonnement sel, poivre, ail, bouquet garni. Mettre à cuire au four. Dès qu'il est cuit aux trois quarts, retirer et enlever les morceaux un à un, les mettre dans un autre sautoir et passer le jus dessus au chinois; ajouter des pommes nouvelles.

Avoir, au préalable, cuit à l'eau salée des quartiers de carottes, navets, et petits pois; ajouter les carottes et les navets, faire prendre l'ébullition et finir de cuire au four. Tenir des petits pois dans de l'eau chaude salée et, au moment de servir le navarin, jeter quelques petits pois dans le plat.

Navarin aux Pommes. — Cuire comme ci-dessus; ajouter des pommes avant cuisson complète de la viande.

Navarin Bretonne. — Même formule que ci-dessus ; ajouter des haricots au lieu de pommes.

Epaule de Mouton Catalane. — Faire braiser l'épaule selon les règles ordinaires, que l'on garnit de gousses d'ail et que l'on sert avec l'épaule comme garniture.

Irish Stew (Ragoût Irlandais). — Découper en morceaux de la poitrine et de l'épaule désossée, les blanchir et les rafraîchir.

Remettre ensuite dans un sautoir, mouiller à l'eau, faire prendre l'ébullition, sel, poivre, bouquet garni avec un blanc de poireau ; mettre un oignon moyen par trois morceaux de viande et deux gousses d'ail. Cuire aux trois quarts. Ajouter trois pommes de terre moyennes par trois morceaux de viande et finir de cuire.

Au dernier moment y ajouter une cuillère de sauce anglaise.

Cette recette est absolument identique à celle que l'on fait en Irlande.

Avoir la précaution, en servant, de ne point écraser les oignons et les pommes, ces légumes devant être servis entiers.

Cassoulet. — Tout d'abord, mettre les haricots à tremper 12 heures à l'eau froide.

Les cuire à l'eau salée avec un oignon piqué de clous de girofle, laurier ; y ajouter des couennes de lard fraîches, un cervelas ou des saucisses et du petit salé.

D'autre part, braiser une épaule de mouton selon les règles, rôtir également un morceau de filet de porc.

Dès que tout est cuit, hacher finement la couenne. Hacher également un oignon bien fin, le faire revenir dans une casserole et dès qu'il a pris couleur, ajouter la couenne hachée et de la sauce tomates. Laisser mijoter le tout quelques minutes, persil et ail hachés. Ajouter le fonds de l'épaule, jeter les haricots et laisser cuire vingt minutes.

Prendre un plat à gratin et dresser alternativement, une tranche de mouton, un morceau de confit d'oie, une tranche de porc rôti, une tranche de cervelas ou de saucisse et une tranche de petit salé. Couvrir avec les haricots, saupoudrer avec un peu de fromage râpé et de chapelure et gratiner au four.

Les haricots accommodés de cette façon sont délicieux, mais d'un prix de revient excessif, surtout actuellement ; mais nous ne pouvions pourtant passer sous silence ce plat du Midi par excellence.

Emincés de Gigot. — Ce mets se prépare avec du gigot cuit et froid.

Emincer finement le gigot, dresser sur un plat et le chauffer légèrement avec du jus de rôti ou un peu de vin blanc, sans le faire bouillir, ce qui le ferait durcir.

Egoutter le jus et saucer dessus le gigot une sauce piquante ou bordelaise.

Toutes les dessertes de bœuf, veau, mouton, agneau, etc., se traitent par ce procédé. Il faut toujours se garder de faire bouillir les viandes rôties, tandis que les viandes braisées supportent l'ébullition.

Poitrine de Mouton Farcie. — Prendre une poitrine de mouton, détacher la viande des os de façon à former une large poche.

Préparer une farce avec du lard maigre, du maigre de bœuf, de veau, quelques épinards, ail, blettes hachées; assaisonner sel, poivre, muscade et deux œufs battus. Emplir cette poche de farce et coudre les deux parties. Cuire comme le pot-au-feu. Se mange chaud ou froid.

ROGNONS

Rognons Sautés Madère. — Enlever la peau des rognons et les émincer en tranches fines avec sel et poivre. Les sauter vivement à la poêle, au beurre ou à la graisse, une minute environ. Les égoutter, les saucer avec un fonds de veau et madère. Servir avec croûtons.

Rognons Sautés Champignons. — Les sauter seulement ainsi qu'il est indiqué ci-dessus et y ajouter des champignons.

Rognons Grillés Maître d'Hôtel. — Enlever la peau des rognons, leur faire une incision et les ouvrir en les fendant jusqu'à la partie blanche. Les embrocher en largeur et les maintenir ouverts avec la brochette. Assaisonner sel, poivre et beurre fondu; les griller à braise ardente de chaque côté.

Les servir saignants et les saucer avec une maître d'hôtel.

Rognons Grillés Américaine. — Les griller comme ci-dessus et garnir de lard fumé et de tomates grillées.

TRIPES

Pieds et Paquets à la Marseillaise. — Prendre une tripe bien propre, bien nettoyée, et la détailler en morceaux de façon à faire 10 à 12 morceaux par tripe. Les étendre sur un linge et les assaisonner sel, poivre et muscade.

Préparer un hachis d'ail, persil, petit salé et un morceau de tomate; assaisonner sel, poivre et muscade. Mettre sur chaque paquet un petit tas de ce hachis, les rouler et les passer dans l'ouverture pratiquée avec un couteau.

Nettoyer les pieds en coupant, à l'extrémité des sabots, les poils qui s'y trouvent.

D'autre part, préparer du lard haché que l'on fait fondre dans une marmite en terre avec : oignons, carottes et tomates. Mettre d'abord les pieds, les paquets ensuite et mouiller le tout de vin blanc et un verre de cognac. Cuire au four quatre à cinq heures.

Dès qu'ils sont cuits, enlever les paquets un à un, ainsi que les pieds, dont on enlève l'os principal. Faire réduire le fonds à point, le passer au tamis en crin et servir sur les paquets.

Pieds de Mouton Poulette. — Nettoyer les pieds, les flamber comme il est indiqué ci dessus. Les cuire à l'eau, sel, poivre en grains, oignon piqué de clous de girofle, carottes, bouquet garni et jus de citron; cinq heures de cuisson.

Faire un velouté avec le bouillon des pieds et du lait, par quantité à peu près égales; lier aux jaunes d'œufs beurrés. Saucer sur les pieds. On peut y ajouter des petits oignons cuits à l'eau et au beurre ou des champignons; ceci est facultatif.

Pieds Frits Sauce Tomates. — Les cuire comme ci-dessus. Les désosser, assaisonner sel, poivre, passer à la farine, ensuite dans l'œuf battu et dans la chapelure et les faire frire.

Les servir sur serviette, sauce tomates à part.

Pieds à la Ravigote. — Cuits comme ci-dessus. Servir avec une ravigote.

AGNEAU

Les rôtis d'agneau, les grillades, doivent être servis bien cuits. Il faut généralement cinquante minutes pour cuire un gigot. 30 à 35 minutes pour une épaule.

Gigot d'Agneau Fermière. — Mettre le gigot à rôtir dans un sautoir pas trop grand. Lorsqu'il commence à prendre couleur, ajouter : carottes, oignons, ail et bouquet garni; finir de cuire en l'arrosant de temps en temps. Faire une réduction de vin blanc, mouiller avec un peu de jus de veau ou de l'eau. Lier à la fécule et passer au tamis.

Cuire, d'autre part, des légumes que l'on dresse autour en servant; saucer dessus et envoyer un peu de fonds à part.

Ballotine d'Agneau Farcie. — Désosser une épaule d'agneau et l'assaisonner de sel et poivre. Préparer, d'autre part, un hachis de veau, lard maigre et mie de pain trempée dans le lait, persil, ail hachés, sel, poivre, muscade et un œuf entier battu. Farcir l'épaule et la faire braiser selon les formules données pour les « Braisés de Veau ». Se sert aussi bien chaude que froide, accompagnée de garnitures de légumes.

Selle d'Agneau Beaulieu. — Prendre une selle, la rouler, la ficeler et la mettre à rôtir. Saler à mi-cuisson, ajouter quelques petits oignons préalablement blanchis, des quartiers d'artichauts, des petites pommes nouvelles, des tomates concassées; finir de cuire avec le gigot. Quelques minutes avant de servir y ajouter quelques olives noires; déglacer au vin blanc et ajouter un peu de jus de veau ou de l'eau. On peut traiter de cette façon les épaules et les gigots.

Ballotine d'Agneau à la Russe. — Même opération que ci-dessus. Dresser la ballotine sur un plat, avec des bouquets de légumes cuits à l'eau, en alternant les couleurs.

Servir froide, avec une sauce mayonnaise à part.

Epigrammes d'Agneau. — Prendre une ou deux poitrines d'agneau que l'on braise avec une bonne mirepoix, oignons, bardes de lard et carottes en tranches. Déglacer au vin blanc, quelques cuillerées de bouillon et finir de cuire. La cuisson terminée, extraire les os des poitrines et les mettre sous presse avec un poids dessus. Passer le fonds et le lier assez épais. Dès qu'il est cuit à point, ajouter deux ou trois jaunes d'œufs et jus de citron. Tailler les morceaux de poitrine en triangle, les tremper dans le fonds et les placer à mesure sur une serviette pour laisser refroidir la sauce. Passer à l'œuf battu et les frire à friture très chaude. On les sert avec des légumes, petits pois, etc.

Côtelettes d'Agneau Villeroy. — Détailler les côtelettes, les cuire au beurre d'un côté et les laisser refroidir. Préparer une pâte à croquettes de volailles, en farcir le côté cuit et paner ensuite les côtelettes. Les ranger, par dessus la farce, dans un sautoir bien beurré, en ayant soin de faire reposer dans le fond du sautoir le côté non cuit, leur faire prendre couleur au four en les arrosant avec du beurre.

On peut aussi les faire frire, mais cette façon de procéder n'est pas très recommandée. On les garnit, en servant, de légumes au beurre, petits pois, pointes d'asperges, etc.

Blanquette d'Agneau Ancienne. — Même opération que la blanquette de veau.

Sauté d'Agneau Printanier. — Même procédé que le Navarin de mouton.

Currie d'Agneau à l'Indienne. — Détailler les morceaux d'agneau comme pour un ragoût. Faire revenir dans un sautoir, avec de l'oignon haché grossièrement sans trop laisser colorer et déglacer au vin blanc. Les mouiller à l'eau ou au bouillon, les lier et saler à point. Ajouter la poudre de currie. La cuisson terminée (50 minutes environ), retirer les morceaux, passer le fonds que l'on remet dans les morceaux. Servir à part un riz Caroline cuit 17 minutes à l'eau.

Fressure Ménagère. — Tailler la fressure en gros dés, sel, poivre et la faire revenir à la poêle en y ajoutant de l'oignon haché, un bouquet garni et une réduction de vin rouge.

Faire réduire, ajouter du bouillon ou de l'eau et une pointe d'ail. Temps de cuisson une heure. Passer le fonds avant de servir.

Fressure d'Agneau au Vin blanc. — Même opération que ci-dessus. Remplacer le vin rouge par du vin blanc.

Fressure Persillée. — Emincer fortement la fressure, saler, sauter vivement à la poêle, 5 minutes de cuisson avec persil et jus de citron.

Tête d'Agneau Grillée au Four. — Ouvrir la tête d'agneau en deux dans le sens de la longueur, la mettre dans un sautoir ou une plaque, l'arroser de beurre fondu, avec sel et poivre. La cuire au four 30 minutes environ. Vers la fin de la cuisson, la saupoudrer de persil et d'une pointe d'ail hachés mélangés avec de la chapelure.

Les **Tripes**, les **Rognons**, les **Pieds**, prennent les mêmes apprêts que ceux de mouton.

PORC

Jambon aux Epinards sauce Madère. — Préparer des épinards ainsi qu'il est indiqué au chapitre des « Légumes ». Couper des tranches de jambon que l'on chauffe dans du jus, en ayant soin de ne pas les laisser bouillir et les dresser sur les épinards. Saucer avec un fonds de veau parfumé au madère.

Choucroute au Jambon. — Préparer la choucroute, que l'on garnit avec du jambon et des pommes nature.

Noix de Porc Braisée Flamande. — Faites braiser la noix, ainsi qu'il est indiqué à la Noix œ Veau. Préparer des petits choux que l'on fait braiser avec du lard maigre et garnir la noix avec ces légumes. Saucer dessus avec le fonds de la braise. On peut également y ajouter quelques pommes nature.

Filet de Porc Rôti Purée de Marrons. — Rôtir le porc ainsi qu'il est indiqué pour les autres viandes. Le piquer de quelques pointes de sauge.

Cuire, d'autre part, des marrons dans du lait, les passer au tamis, les mettre en casserole avec du beurre et du lait et servir à part dans un légumier. Le porc saucé avec son jus.

Filet de Porc Purée de Pommes. — Même opération que ci-dessus. Servir avec une purée de pommes.

Côte de Porc Sauce Piquante. — Griller et saucer avec une sauce piquante.

Côte de Porc Pauvre Homme. — Faire sauter lès côtelettes et les assaisonner sel et poivre. Dès qu'elles sont cuites, enlever la graisse de la casserole, déglacer au vin blanc avec une ou deux cuillerées de fonds de veau. Ajouter à la sauce des lames de cornichons.

Crépinettes de Porc. — Faire de la chair à saucisse; que l'on dresse en boules de la grosseur d'une pomme moyenne et que l'on aplatit avec la lame d'un couteau. L'envelopper ensuite dans la crépine et faire rissoler au four. Les servir avec une purée de pommes de marrons, un rizzotto, etc.

Pieds de Porc Grillés Sainte-Menehould. — Cuire les pieds dans l'eau avec sel, poivre en grains, oignons piqués de clous de girofle, carottes et bouquet garni. Une fois cuits, laisser refroidir. Les partager en deux, retirer l'os principal, les beurrer et les rouler dans de la panure. Avant de les griller, les arroser d'huile. Saucer avec une Maître d'hôtel.

Gayettes de Porc Bonne Femme. — Prendre du foie et de la tête, hacher le tout; joindre des épinards, ail, persil, sel, poivre et rouler la farce dans la crépine. Mettre au four avec un brin de sauge dessus et de la graisse.

Pieds de Porc Périgueux. — Cuire les pieds à l'eau avec un bouquet garni, oignon piqué de clous de girofle et carottes. Leur cuisson terminée, les égoutter, les désosser et les placer dans un plat avec une planche et un poids dessus. Quand ils sont froids, les détailler en dés.

D'autre part, faire un peu de béchamel bien serrée et y ajouter les pieds. Il est nécessaire qu'il n'y ait pas trop de sauce, tout juste pour lier. Ajouter quelques truffes hachées grossièrement et assaisonner le tout sel, poivre, muscade et mettre à refroidir.

Prendre de la crépine de porc que l'on trempe dans de l'eau tiède et l'étendre à mesure sur un linge. Prendre une cuillère à soupe de la préparation, la rouler dans la crépine en mettant sur un côté une belle lame de truffe et cuire au four bien chaud.

Servir une sauce Périgueux à part.

Saucisses au Riz. — Faire un rizzotto, ainsi qu'il est indiqué au chapitre des Pâtes. Cuire les petites saucisses dans un plat au four, avec un verre de vin blanc.

Dresser le riz et les saucisses dessus.

Fromage de Cochon. — Prendre une moitié de tête de cochon, la flamber, bien la nettoyer et la faire dégorger.

La mettre à l'eau froide sur le feu, la faire écumer, l'assaisonner sel, poivre en grains, laurier, thym, oignon piqué de clous de girofle. Couvrir la marmite et faire cuire lentement jusqu'à ce que les os se détachent facilement. La retirer alors dans un grand plat, afin d'en retirer plus facilement les os. Couper la viande en menus morceaux, l'assaisonner légèrement avec du sel, poivre et de la muscade râpée. Bien mélanger le tout et le mettre dans un récipient pour lui donner la forme qui convient. Presser le dessus afin de bien tasser la viande, laisser refroidir et démouler le lendemain.

CHAPITRE VII

VOLAILLES

POULETS, DINDES, PINTADES, CANETONS, OIES, PIGEONS

Les volailles les plus recherchées pour la finesse de leur chair sont, sans conteste, celles de Bresse, de Houdans, du Mans, soit pour rôtir, soit pour être poêlées ou pochées.

Nous jugeons inutile de parler de la volaille rôtie, chaque maîtresse de maison sachant cuire un poulet à la broche ou au four.

Volailles Poêlées. — Prendre un poulet, l'assaisonner de sel intérieurement et extérieurement et le mettre dans une casserole avec bardes de lard, oignons, carottes et beurre.

Faire colorer légèrement le poulet, au four de préférence, déglacer au vin blanc et l'arroser souvent. Ajouter du bouillon et laisser cuire 25 à 30 minutes. Passer le fonds et le lier légèrement à la fécule.

Volailles Pochées. — Préparer un bon fonds blanc avec des os de veau et cous de volailles. Laisser cuire les os environ deux à trois heures, assaisonnés avec sel, poivre en grains, bouquet garni, oignon piqué de clous de girofle et carottes.

Se servir de ce bouillon pour pocher la volaille. Employer ensuite du bouillon de la volaille pour les diverses sauces accompagnant cette dernière.

Pour cuire la volaille de un kilo environ, il faut 35 à 40 minutes.

Volaille Poêlée Stanley. — La volaille étant pochée, émincer des oignons cuits doucement au beurre. A peine colorés, les finir de cuire avec la volaille et passer le fonds au tamis. Ajouter à ce fonds deux ou trois cuillerées de velouté, lier aux jaunes et à la crème, avec jus de citron et quelques lames de champignons dans la sauce. Croûtons autour du plat.

Volaille Poêlée Bonne Femme. — Poêler la volaille selon la formule, avec une garniture de petits oignons glacés, de lardons de lard maigre et de petites pommes de terre rissolées.

Volaille Poêlée Bordelaise. — Poêler et garnir de cèpes, de pommes et d'oignons frits.

Volaille Poêlée Beaulieu. — Poêlée avec une garniture de tomates concassées, d'olives noires, de pommes en gousses d'ail et de petits pois.

Volaille Poêlée Paysanne. — Poêler et garnir avec carottes, navets et petits pois. Chaque légume dressé à part autour.

Volaille Poêlée au Riz. — Poêlée, quand elle est cuite à moitié, ajouter du riz à peu près la quantité nécessaire; mouiller au bouillon et laisser cuire 20 minutes environ.

Volaille Poêlée aux Raviolis. — Farcir la volaille avec des raviolis blanchis, liés au beurre et saupoudrés de fromage râpé. Faire poêler et servir sur un lit de raviolis jutés avec le fonds de la volaille.

Volaille poêlée à la Chimay. — Poêler et farcir aux nouilles. Garnir de nouilles, sauce madère.

Volaille Pochée à la Rohan. — Poêler et fourrer de fonds d'artichauts en petits quartiers. Sauce suprême avec lames de truffes, champignons, rognons et crêtes de coqs.

Volaille Pochée Diva. — Poêler, farcir au riz, foie gras et truffes. Sauce suprême au Paprika, garnie de cèpes à la crême.

Volaille Pochée Gros Sel. — Préparer au préalable un consommé avec un morceau de grumeau, bon bouquet comme pour le pot-au-feu, en y ajoutant du chou et un morceau de lard maigre, un petit cervelas et des pommes de terre. Lorsque le bœuf est cuit aux trois quarts, ajouter la volaille. La cuisson terminée, dresser le bœuf et la volaille sur un plat avec des légumes autour, ainsi que des tranches de petit salé et de cervelas.
Servir du gros sel à part.

Poule au Riz Sauce Suprême. — Pocher et cuire du riz 15 à 20 minutes dans le bouillon de la volaille (environ 40 à 50 grammes par personne). Faire un velouté avec le fonds, bien assaisonner de sel, poivre, muscade et allonger avec de la crème double, du beurre et du jus de citron.

Etendre une couche de riz sur un plat, dresser la volaille dessus et napper avec la sauce suprême. Une saucière de sauce à part.

Volaille à la Toulouse. — Masquer un fonds avec : tranches de lard, oignons, carottes en tranches et beurre. Faire suer la volaille sans qu'elle prenne couleur et déglacer au vin blanc.

Faire un bon velouté avec le fonds de la volaille lié aux jaunes et à la crème, le passer au tamis et ajouter des quenelles, des champignons, des foies de volaille, du foie gras, des crêtes et rognons.

Poularde à la Régence. — Même formule que ci-dessus, lames de truffes à la place du foie gras.

Volaille Napolitaine. — Dresser une belle volaille, la farcir avec des macaronis apprêtés avec un bon fonds de veau et du coulis et la recoudre en lui conservant sa forme. La faire braiser comme il est dit plus haut. Dès la cuisson terminée, la retirer, passer le fonds bien dégraissé et en ajouter une partie dans les macaronis mis de côté.

Coucher les macaronis dans un plat et dresser la volaille dessus. Servir une saucière de sauce à part. On peut ajouter une financière dans les macaronis.

Chaud-Froid de Volaille. — Cuire une volaille comme pour pocher. Garder la moitié du bouillon pour faire de la gelée. 8 feuilles de gélatine par litre.

Ajouter trois à quatre feuilles de gélatine dans la sauce suprême. Découper la volaille en cinq parties, les ailes, les cuisses et la poitrine. Laisser refroidir la sauce suprême, sans la laisser prendre, recouvrir les morceaux, à plusieurs reprises, jusqu'à ce qu'ils soient masqués d'une bonne couche et décorer chaque morceau d'une belle lame de truffe. Couler ensuite, sur chaque morceau, une mince couche de gelée.

Dressage : Faire un petit socle de semoule ou avec du pain de mie, saupoudrer de gelée hachée bien fine pour masquer le pain ou la semoule. Dresser les morceaux, les deux cuisses d'abord, les deux ailes et la poitrine au milieu. Décorer le tout avec de la gelée hachée et des croûtons. Tenir au frais sur la glace avant de servir.

DESSERTE DE VOLAILLES

Vol-au-Vent Toulouse. — Détailler les morceaux de volaille en gros dés avec truffes, champignons, crêtes, rognons, ris de veau et quenelles. Mélanger le tout dans une sauce suprême et garnir le vol-au-vent.

Vol-au-Vent Financière. — Même garniture que ci-dessus, avec une sauce financière parfumée au porto et des olives vertes désossées.

Croquettes de Volaille. — Tailler les morceaux de volaille en petits dés, ainsi que : truffes, champignons et jambon. Hacher un petit oignon très fin que l'on fait revenir légèrement au beurre et ajouter de la farine. Préparer de la Béchamel assez serrée, liée aux jaunes d'œufs, avec sel, poivre et muscade; ajouter le hachis, faire prendre l'ébullition ; débarrasser dans un plat et laisser refroidir.

Dès qu'il est complètement froid, remuer le tout avec une cuillère en bois, former de petites boulettes que l'on roule dans la farine en leur donnant la forme d'un bouchon ; les tremper ensuite dans de l'œuf battu et de la chapelure. Les frire, au dernier moment, à friture très chaude. Dresser sur serviette avec persil frit ; sauce tomates ou Périgueux à part. On peut leur donner si l'on veut la forme d'une poire ou d'une côtelette.

Coquilles de Volaille. — Même opération que pour les croquettes. Dresser dans des coquilles avec fromage râpé et beurre fondu dessus et faire gratiner à four chaud.

Fritot de Volaille. — Escaloper les morceaux de volaille et les mariner dans un plat avec huile, persil, sel, poivre et jus de citron. Tremper chaque morceau dans de la pâte à frire et les entourer complètement de pâte. Les plonger dans une friture bien chaude et servir sur serviette avec persil frit. Sauce tomates à part.

Cromeskis. — Même opération que pour les croquettes, que l'on roule de la grosseur d'une noix et que l'on entoure d'une pâte à frire. Frire dans friture très chaude et servir sur serviette avec persil frit. Sauce Périgueux à part.

Hachis de Volaille. — Désosser la volaille déjà cuite et la hacher. Faire revenir dans une casserole un peu d'oignon haché bien fin, et, dès qu'il est coloré, y ajouter le hachis,

avec sel, poivre et un peu de béchamel assez consistante.
Donner cinq minutes d'ébullition et dresser dans un légumier.

On peut faire le même hachis avec de la desserte de dinde,
de canard, de veau, d'agneau, etc.

Rissolles de Volaille. — Hacher de la volaille, du jambon
et quelques champignons. Faire revenir de l'oignon bien fin ;
dès qu'il est coloré, ajouter la farce, la faire revenir un
moment, ajouter une cuillerée de fonds de veau et laisser
réduire. Assaisonner sel et poivre. Prendre de la pâte feuilletée que l'on étend sur un marbre et tailler des rondelles
avec un emporte-pièce cannelé. Mettre au milieu une cuillerée à café de farce, humecter avec un pinceau les bords
de la pâte, ramener un côté vers l'autre en pressant, de
façon à avoir une demi-lune et faire frire. Dresser sur serviette avec persil frit.

Galantine de Volaille. — Désosser une volaille plutôt un
peu dure, lui enlever les filets mignons qui sont attenants
à la poitrine. Faire ensuite une farce composée comme suit :
maigre de veau, maigre de porc, lard gras, truffes crues, si
possible, 100 grammes de foie gras, sel, poivre, muscade,
épices, madère et cognac.

D'autre part, couper du maigre de veau et de porc, du
lard gras en gros dés, que l'on met à mariner dans une terrine avec : sel, poivre, muscade, épices, des truffes et des
pistaches émondées, ainsi que les filets mignons, quelques
morceaux de langue écarlate ou de maigre de jambon, madère et rhum. Avec les os de la carcasse, des os de veau, faire
un bon jus avec bouquet garni, sel et poivre en grains.
Piler la farce et la passer au tamis. La mettre ensuite dans
une terrine et mélanger avec les morceaux de viande que l'on
a mis à mariner. Emplir la volaille avec le mélange, la coudre et la rouler dans une serviette bien serrée et la ficeler
comme un saucisson. La mettre à cuire dans le jus fait avec
les os et les carcasses, pendant deux heures et plus si la
poule est très dure. Juger si elle est cuite au toucher du
doigt. Avoir soin de tenir toujours la volaille couverte pendant la cuisson.

La cuisson terminée, la retirer, la refroidir, mais pas entièrement. Quand elle est encore chaude, la déficeler, la rouler de nouveau sans trop la presser pour que le jus qu'elle
contient ne s'échappe pas trop et la mettre sur une plaque
avec une planchette et un petit poids dessus (environ un
kilo). Passer le fonds de la cuisson et bien le dégraisser. Il ne

faut pas qu'il reste la moindre trace de graisse. Faire une gelée. (Voir la formule de la Gelée.)

Pour le dressage, il y a deux façons de procéder : Si c'est pour un dîner de cérémonie : baptême, mariage, etc. , on la dresse entière sur un beau croûton de pain, le dessus décoré avec des losanges de gelée, quelques bouquets de fleurs aux deux bouts du plat, et de la gelée hachée autour.

Ou bien la détailler en tranches comme un saucisson, avec de la gelée hachée autour.

Terrine de Volaille. — Désosser complètement une volaille et la détailler en gros dés. Préparer une farce, comme il est indiqué ci-dessus pour la galantine avec les ingrédients indiqués. Mélanger avec les morceaux de volaille et mariner le tout au rhum et madère. Même assaisonnement que la galantine. Prendre un moule à timbale et l'entourer de bardes de lard minces qui dépassent les parois du moule. Etendre d'abord de la farce au fond, puis une couche de morceaux qui sont à mariner et alternativement jusqu'à ce que le moule soit plein, en ayant soin que la dernière couche soit de la farce. Mettre à cuire au bain-marie au four. Deux heures de cuisson environ. Pour la terrine, il ne faut pas une volaille dure. Mettre un couvercle sur le moule.

Dès que la cuisson est terminée, enlever le couvercle; mettre une petite planchette ronde sur la terrine avec un poids dessus, pour le tassement des viandes, et laisser refroidir.

Si elle doit être conservée quelques jours, couler sur la terrine du saindoux fondu. On peut, de cette façon, la conserver une dizaine de jours en la tenant au frais; mais, dans ce cas, il faut la cuire dans une terrine en terre.

Mousse de Volaille. — Pocher une volaille. Dès qu'elle est cuite, la désosser et enlever la peau des chairs, Piler le tout au mortier finement, assaisonner sel, poivre, muscade et passer le tout au tamis. Mettre dans une terrine sur la glace.

Ajouter à cette farce deux cuillerées de gelée liquide. Monter la même quantité de crème double que de farce et mélanger à cette dernière. Couler le tout dans un moule à charlotte que l'on aura préalablement chemisé de gelée et le mettre sur glace pendant une heure.

Pour le démouler, il suffit de le plonger dans l'eau chaude.

Servir sur serviette avec de la gelée autour.

Poulets Grillés. — Les poulets grillés doivent être ouverts par le dos, aplatis et avoir la forme d'un crapaud.

Les assaisonner sel, beurre fondu et cuire au four aux trois quarts. Lorsqu'on les retire du four, on les beurre bien avec le beurre de la cuisson et on les saupoudre de chapelure fraîche. Les griller, au dernier moment, sur le gril, à feu doux.

On sert généralement avec une Maître d'hôtel, sauce Diable, etc.

Poulets Sautés. — On découpe les poulets sautés comme suit : d'abord les deux cuisses, les deux ailes, la poitrine, les ailerons et la carcasse en deux. Assaisonner le tout de sel et poivre. Cuire dans un sautoir, au beurre et à feu vif et faire colorer des deux côtés. Y ajouter de l'échalote hachée très fin ; à défaut, de l'oignon que l'on laisse légèrement colorer. Ajouter une cuillerée de coulis et déglacer au vin blanc. Finir de mouiller avec du fonds de veau ou, à défaut, du bouillon et de l'eau. Dans ce dernier cas, il faut lier le fonds avec un beurre manié. Le poulet sauté ne doit pas être trop mouillé, tout juste la sauce qu'il faut pour chaque morceau.

Dans les diverses formules qui vont suivre, nous n'indiquerons simplement que les garnitures qui accompagnent le poulet. Le lecteur n'aura qu'à se reporter au commencement du chapitre pour la cuisson du poulet.

Toujours servir des croûtons de pain frit avec les poulets sautés.

Poulet Sauté Chasseur. — Poulet sauté, garniture champignons en lames et tomates concassées.

Poulet Sauté Métropole. — Sauté avec garniture petits oignons cuits à blanc et quartiers de fonds d'artichauts.

Poulet Sauté Mousquetaire. — Sauté, avec garniture de tomates concassées, de quartiers d'artichauts et de lames de champignons.

Poulet Sauté Thérèse. — Sauté, avec garniture de pommes nouvelles en gousses d'ail et lard maigre en dés ; le tout cuit ensemble.

Poulet Sauté Luynes. — Sauté avec fonds d'artichauts.

Poulet Sauté Louisette. — Sauté, avec garniture de petites pommes nouvelles, de fonds d'artichauts et de pointes d'asperges ; le tout en bouquets.

Poulet Sauté Vendéenne. — Sauté, avec garniture pommes sautées au beurre, de lardons de lard maigre et de petits oignons glacés.

Poulet Sauté Arlésienne. — Sauté, avec tomates concassées et une julienne de céleris, d'artichauts et de navets tombés au beurre.

Poulet Sauté Archiduc. — Sauté, déglacé avec crême, cognac et madère. Ce poulet demande à être bien relevé avec pointe de Cayenne, jus de citron, glace de viande et garni de truffes et pointes d'asperges.

Poulet Sauté Beaulieu. — Sauté, avec garniture de tomates concassées, de quartiers d'artichauts, de pommes et d'olives noires. Cuire les artichauts avec le poulet. Le tout dressé en bouquets.

Poulet Sauté Fines Herbes. — Poulet sauté à la minute, déglacé au vin blanc. Ajouter une cuillère d'eau, des fines herbes, du cerfeuil et du persil grossièrement hachés, un jus de citron et un morceau de beurre frais. Saucer sur le plat.

Poulet Sauté Bonne Femme. — Sauté. Garniture : pommes, lardons, petits oignons.

Poulet Sauté Forestière. — Sauté. Garniture : cèpes, morilles.

Poulet Sauté Verdi. — Sauté et dressé sur un rizzotto garni de lames de truffes et dés de foie gras.

Poulet Sauté Côte d'Azur. — Sauté. Garniture : petits pois, haricots verts, quartiers d'artichauts et pommes, le tout en bouquet.

Capilotade de Bouquets. — Ce plat se prépare avec de la desserte de volaille rôtie ou bouillie.

Préparer une sauce italienne, ajouter les morceaux de volaille et les laisser mijoter 25 minutes dans la sauce. (Voir la Sauce Italienne au chapitre Sauces.)

DINDE

Dinde Farcie aux Marrons. — La dinde se vide en faisant une incision sur le côté. Préparer des marrons passés quinze minutes au four et les éplucher. Les mettre à cuire dans une casserole avec du bouillon ou de l'eau avec sel et céleri. Une fois cuits, les laisser refroidir et les mélanger avec de la chair à saucisse bien assaisonnée. Farcir la dinde et recoudre l'ouverture faite sur le côté. La mettre dans une casserole ou un plat en terre un peu haut et la cuire au four, en y ajoutant un oignon coupé en quatre, une carotte et du laurier. Lorsque l'oignon est coloré, déglacer avec un bon verre de vin blanc, laisser réduire, ajouter une cuillerée de coulis et mouiller au bouillon ou à l'eau ; finir de cuire. Il faut deux à trois heures pour cuire une dinde, selon la grosseur.

Envoyer une saucière de sauce à part.

Abattis de Dinde à la Ménagère. — Avec les ailerons, le cou, le gésier, préparer un ragoût exactement comme un ragoût de mouton.

Les abattis ainsi traités peuvent être garnis d'olives, de carottes, de pommes, etc.

PIGEONS

Pigeons Farcis. — Préparer une farce comme suit : Faire revenir dans une casserole un oignon finement haché, ajouter le foie haché et de la mie de pain trempée dans du lait, du persil haché avec assaisonnement de sel et poivre.

Farcir les pigeons et les cuire au four pendant 25 minutes. Égoutter la graisse et ajouter une cuillerée d'eau pour faire le jus.

Ajouter au jus une Maître d'hôtel et saucer le pigeon en servant. (La « Maître d'Hôtel » est tout simplement du beurre manié avec sel, jus de citron et persil haché.)

Pigeons en Compote. — Faire braiser les pigeons avec oignons, carottes, ail, laurier et thym. Dès qu'ils sont colorés, ajouter de la tomate concassée ou du coulis, déglacer au vin blanc et mouiller au bouillon ou à l'eau. Trente minutes de cuisson.

D'autre part, cuire avec eau, sel et beurre, quelques carottes et petits oignons. Tailler des lardons de lard maigre que l'on fait blanchir et rissoler avec quelques champignons et des olives vertes désossées et blanchies. Mélanger le tout dans la sauce du pigeon que l'on aura passée au tamis et lier à la farine délayée avec de l'eau. Ajouter les pigeons et laisser mijoter le tout ensemble quelques minutes.

Pigeons au Sang. — Braiser les pigeons comme il est dit plus haut, en ayant soin de garder leur sang avec un filet de vinaigre et un peu de vin rouge en le remuant pour qu'il ne se coagule pas. Dès les pigeons cuits, les retirer, passer la sauce et lier avec de la farine délayée. Ajouter le sang, remettre les pigeons dans la sauce et servir.

Pigeons aux Olives. — Cuire les pigeons comme ci-dessus, ajouter des olives désossées et blanchies dans la sauce.

Pigeons aux Petits Pois. — Préparer des petits pois paysanne. (Voir cette formule au chapitre des Légumes.) Faire rôtir les pigeons bardés, salés et poivrés. Dès qu'ils sont cuits, les débrider, les ajouter aux petits pois et laisser mijoter quelques minutes. Déglacer la casserole où ils ont cuit avec une cuillerée d'eau et verser dans les petits pois.
Servir le tout ensemble dans une cocotte.

Pigeons à la Bonne Femme. — Braiser dans une casserole, avec lardons, petits oignons et pommes.

Pigeons à la Crapaudine. — Inciser le pigeon par le dos, l'ouvrir et l'aplatir pour lui donner la forme du crapaud. L'assaisonner sel et poivre et le griller en l'arrosant de saindoux ou de beurre, à feu doux ou au four. Vers la fin de la cuisson, le saupoudrer de chapelure. Servir à part une sauce Diable ou le saucer tout simplement avec une Maître d'Hôtel.

CANARDS

Canard aux Olives. — Même cuisson que les pigeons.

Canard aux Navets. — Braiser le canard avec : oignons, carottes, bardes de lard, ail, laurier, thym, sel et poivre, déglacer au vin blanc et laisser réduire. Ajouter une cuillerée de coulis, du bouillon ou eau. Avoir, d'autre part, cuit des navets tendres avec eau, beurre et sel. Dès qu'ils sont à peu près cuits, les égoutter et les faire rissoler dans du beurre chaud. Passer dessus la sauce du canard que l'on aura liée et laisser mijoter 10 minutes. Servir les navets autour du canard.
Il faut une heure de cuisson pour un canard.

Canard aux Petits Pois. — Même formule que pour les pigeons.

Canard à la Provençale. — Braiser le canard, comme la formule « aux navets », y ajouter comme garniture des olives, quelques gousses d'ail et quelques carottes nouvelles.

Canard aux Petits Oignons. — Braiser le canard selon la formule. D'autre part, glacer des petits oignons que l'on ajoute dans la sauce avant de servir.

Ballotines de Canard Paysanne. — Désosser un canard et l'assaisonner de sel, poivre et cognac. Préparer une farce avec le foie, du lard gras, du jambon et de la mie trempée ; ail et persil hachés et un œuf battu. Farcir le canard et le coudre en lui donnant la forme d'un saucisson. (Il est nécessaire de bien le ficeler en le roulant).

Le faire braiser comme il est indiqué et le servir avec des petits pois, des olives, des carottes et des tomates concassées. Se sert également froid.

Canard à la Rouennaise. — Farcir un caneton avec la farce ci-après : hacher des échalotes, les faire revenir légèrement au beurre, leur ajouter le foie du canard haché, sel, poivre et fines herbes. Le brider et le rôtir en l'arrosant de beurre (35 minutes de cuisson). Servir avec une sauce bordelaise à laquelle on aura ajouté un foie de canard haché finement avant de servir.

Canard en Salmis. — Découper le canard en morceaux, le faire revenir dans une casserole avec de la graisse et du lard grossièrement haché et ajouter un oignon haché grossièrement et une carotte émincée. Quand le tout commence à prendre couleur, déglacer au vin rouge et faire réduire. Mouiller ensuite à l'eau ou au bouillon et lier la sauce avec de la farine et avec le sang du canard. Bouquet garni, ail, sel et poivre. Garniture : champignons émincés, truffes, croûtons frits autour.

Oie à la Chipolata. — Braiser l'oie comme il est indiqué pour la dinde. La garnir avec des marrons, carottes, petites saucisses, lard maigre, olives et champignons.

Oie Braisée aux Choux. — Faire blanchir des choux. Marquer un fonds de braisé avec tranches de lard, oignons, carottes, laurier et ail. Couper les choux en gros dés et les assaisonner de sel, poivre et muscade. Les mettre dans une casserole avec le fonds du braisé, mouiller au bouillon, ajouter un morceau de lard maigre, du cervelas et laisser cuire une heure environ.

Faire rôtir l'oie 30 à 40 minutes et la mettre ensuite dans les choux pour la finir de cuire. Dresser sur les choux avec le lard et le cervelas autour.

Foie Gras à la Financière. — Cuire le foie gras au beurre, le mouiller avec un peu de madère, le cuire lentement avec assaisonnement de sel, poivre, muscade, laurier, carottes et oignons. Le servir avec une financière.

Pâté de Foie Gras. — Préparer une pâte à pâtés (Voir Chapitre Pâtisserie), en garnir un moule de forme un peu haute.

Préparer une farce comme pour une galantine de volaille dans laquelle on aura incorporé les parures du foie. Clouter, par endroits, le foie avec des morceaux de truffes; assaisonnement sel, poivre, muscade, épices, cognac, madère. Il est bon de faire macérer le foie ainsi mariné au moins deux jours à l'avance.

Garnir le moule de farce, placer le foie au milieu du moule, recouvrir de nouveau avec de la farce et le tout avec une barde de lard.

Fermer le moule avec un couvercle en pâte, en mouillant les bords pour mieux les souder. Faire une cheminée pour laisser échapper la vapeur pendant la cuisson, qui demande environ deux heures, le dorer et le cuire au four. Une fois froid, y couler par la cheminée de la graisse d'oie ou du saindoux fondu.

Terrine de Foie Gras. — Même procédé que pour le pâté, sauf la pâte.

Prendre un moule à charlotte, que l'on entoure de bardes de lard très minces, et ajouter la farce et le foie gras. L'opération terminée, rabattre les bardes de lard sur la farce et cuire au four, au bain-marie, une heure et demie environ.

Le retirer et, avant qu'il ne soit complètement froid, mettre une planchette sur la terrine avec un petit poids.

Si c'est pour la conserver quelque temps, il faudrait la cuire dans une cocotte en terre. Dans ce cas, lorsqu'elle est froide, y couler dessus de la graisse d'oie ou du saindoux fondu et la tenir dans un endroit très frais. De cette façon, on peut la conserver une quinzaine de jours.

CHAPITRE VIII

GIBIER

Civet de Lièvre à la Provençale. — Détailler le lièvre en morceaux, l'assaisonner de sel et poivre. Hacher du lard gras, bien fin, le fondre dans une poêle avec du saindoux et de l'huile. Dès que le tout est bien chaud, jeter les morceaux de lièvre dans la poêle et faire revenir vivement. Dès qu'ils ont pris couleur, incorporer de l'oignon haché. Faire prendre couleur, saupoudrer de farine et faire revenir un moment. Retirer les morceaux de la poêle, les mettre dans une casserole ou un poêlon, avec gousse d'ail, thym, laurier, sariette et serpolet. Verser dans une poêle une bouteille de bon vin rouge, le faire réduire de moitié et le verser ensuite dans la casserole; finir de mouiller avec de l'eau ou, de préférence, du bouillon. Dix minutes avant de servir, lier avec le sang que l'on aura conservé. Enlever les morceaux, passer la sauce au tamis et remettre le tout ensemble. Servir avec des croûtons de pain frits. Si, toutefois, la sauce n'était pas assez liée, délayer tout simplement de la farine et de l'eau et ajouter à la sauce jusqu'à ce qu'elle soit assez consistante.

Râble de Lièvre Rôti. — Mettre le rable à mariner un jour ou deux avant de le cuire, avec oignons, carottes, vinaigre, vin blanc, sel, poivre, thym, laurier, serpolet, etc. Le piquer avec des lardons et le faire rôtir à la broche, en l'arrosant souvent avec du saindoux. Servir avec une sauce saupiquet ou pauvre homme. (Voir au Chapitre des Sauces.)

Pâté de Lièvre. — Même procédé que le pâté de Veau. Le veau est remplacé par le lièvre, l'assaisonnement est complété par thym, laurier, sariette et serpolet, hachés finement.

Civet de Lapin. — Même opération que le lièvre.

Lapin Sauté Chasseur. — Détailler le lapin en morceaux, le faire revenir vivement à la poêle, ajouter de l'oignon haché et une cuillerée sauce tomates. Déglacer au vin blanc. Mouiller au vin blanc ou à l'eau, lier avec de la farine délayée, sel, poivre, thym, laurier, ail, avec garniture de champignons émincés.

Lapin Sauté Provençale. — Le sauter comme ci-dessus · avec : tomates concassées, ail et persil hachés.

Gibelotte de Lapereau. — Même opération que le civet. Remplacer le vin rouge par du vin blanc et supprimer la liaison au sang. Garniture de petits oignons et champignons.

Lapin Sauté Bourgeoise. — Détailler le lapin ; hacher du lard gras bien fin, que l'on met à fondre dans une poêle avec de l'huile, y jeter les morceaux de lapin, les sauter vivement et assaisonner de sel et poivre. Hacher de l'échalote bien fine et la faire revenir deux secondes avec le lapin. Saupoudrer les morceaux avec de la farine et sauter le tout une minute. Mettre le lapin dans une casserole avec un bouquet garni thym, laurier, sariette et serpolet. Ajouter dans la poêle où le lapin a cuit un demi-litre de vin blanc, le laisser réduire de moitié et l'ajouter au lapin ; finir de mouiller avec de l'eau.

D'autre part, faire glacer des petits oignons, cuire quelques carottes à l'eau et quelques olives vertes désossées. Mettre le tout dans le lapin et faire mijoter ensemble 15 minutes avant de servir.

Civet de Sanglier. — Même procédé que le Lièvre.

Perdreau aux Choux. — Blanchir des choux, les assaisonner de sel, poivre, muscade, les braiser dans une casserole avec bardes de lard, petit salé, saucisses de ménage, mouiller au bouillon et cuire dans le four.

Garder les intestins du perdreau, les enfermer dans un petit sac en toile et les mettre dans les choux, ce qui leur donne un goût de fumet délicieux.

Faire braiser un vieux perdreau, de préférence. Quand il est aux trois quarts cuit, finir de le cuire avec les choux.

Passer la sauce légèrement parfumée au madère. En ajouter la moitié dans les choux et l'autre moitié à part, en saucière. Dresser le perdreau sur les choux avec des tranches de petit salé et de saucisses autour.

Perdreau à la Catalane. — Cuire le perdreau dans une cocotte, au beurre ou à l'huile. Dès qu'il est aux trois quarts cuit, ajouter une douzaine de gousses d'ail blanchies dix minutes. Laisser finir la cuisson avec le perdreau et déglacer avec un peu de vin blanc, une cuillerée de jus rôti et, si l'on en a, une cuillerée à bouche de coulis.

Servir dans la cocotte.

Salmis de Perdreau. — Braiser le perdreau avec oignons, carottes et lard. Quand le tout est bien revenu et coloré, déglacer le fonds avec du vin rouge et laisser réduire aux trois quarts. Mouiller ensuite au bouillon ou à l'eau, si on n'a pas de jus. Aussitôt le perdreau cuit, le retirer, le découper en cinq quartiers : les cuisses, les ailes et l'estomac. Couper la carcasse en morceaux, mettre dans le fonds et laisser cuire quinze minutes. Lier la sauce avec de la farine délayée avec un peu d'eau. Assaisonnement : sel, poivre, ail, thym et laurier. Farcir d'une farce à gibier des croûtons de la largeur du morceau de perdreau, préalablement frits dans une poêle, à l'huile. On sert généralement, comme garniture, des champignons émincés ou des lames de truffes. (Voir au Chapitre des Farces, la farce à Gibier.)

Perdreau aux Lentilles. — Cuire d'abord des lentilles avec un oignon piqué de clous de girofle et une tête d'ail. Braiser le perdreau comme il est indiqué ci-dessus. Hacher un oignon finement, le faire revenir au saindoux avec des petits lardons de lard maigre, ajouter une cuillerée de sauce tomates et le fonds du perdreau avec un peu d'ail haché et un bouquet garni.

On peut également passer les lentilles en purée. Garder, dans ce cas, un peu de fonds du perdreau pour servir à part en saucière.

Faisan. — Prend les mêmes apprêts que le perdreau truffé, aux choux.

Caille au Riz. — Faire revenir une caille, au beurre, avec un petit oignon et une carotte ; déglacer au vin blanc et ajouter une cuillerée de coulis et un peu d'eau.

Hacher, d'autre part, un peu d'oignon, le faire revenir, au beurre, dans une casserole, ajouter du riz caroline mouillé au bouillon ou à l'eau et laisser cuire 25 à 30 minutes. Saupoudrer de fromage râpé. Dresser le riz sur un plat avec les cailles dessus et une saucière de jus à part.

Caille en casserole à la Provençale. — Faire revenir la caille au beurre, dans une petite casserole ou une cocotte. Quand elle est colorée, écraser quelques gousses d'ail et les ajouter dans la casserole. Laisser finir de cuire. Au dernier moment, verser un verre de vin blanc que l'on laisse réduire aux trois quarts. Servir la caille avec sa garniture.

Grive en Salmis. — Même procédé que le perdreau. Ajouter seulement dans la cuisson quelques baies de genièvre écrasées. Servir sur croûtons frits et farcis.

Grive Liégeoise. — Cuire la grive dans une petite cocotte en terre, pendant 10 minutes. Vers la cinquième minute, **ajouter quelques morceaux de pain coupés en petits dés et quelques baies de genièvre.** Les croûtons doivent être rissollés en même temps que les grives se cuisent. Déglacer au dernier moment avec une cuillerée de vin blanc et servir.

Grive à la Paysanne. — Cuire comme la formule précédente, y ajouter quelques petits oignons glacés et quelques lardons de petit salé.

Rizzotto de Grive. — Faire un riz ainsi qu'il est indiqué pour la caille. Cuire la grive dans une cocotte, au beurre. Servir la grive sur le riz en l'arrosant avec le beurre où elle a cuit. Déglacer avec une cuillerée d'eau.

Croustade de Grives. — Piler dans un mortier quelques baies de genièvre, les intestins des grives, quelques foies de volaille, un peu de foie de porc et un tout petit peu de porc frais. Assaisonner avec sel, poivre, muscade, cognac, madère et un œuf entier battu. Passer cette farce au tamis, farcir les grives, que l'on aura, au préalable, fait macérer dans le cognac et madère et assaisonnées.

Préparer une pâte à foncer et garnir un moule beurré. Mettre au fond une couche de farce, ajouter les grives et les recouvrir de farce, une barde de lard dessus. Faire un couvercle en pâte que l'on met dessus, en pinçant les extrémités des deux pâtes humectées. Ouvrir une cheminée sur le milieu pour que la vapeur puisse s'échapper et cuire au four environ une heure et demie.

Préparer, d'autre part, un fumet de gibier (voir la formule au chapitre des Fumets), auquel on ajoute quelques lames de champignons ou de truffes, que l'on verse dans la croustade en servant.

On peut servir cette croustade froide. On doit, dans ce cas, y introduire le fumet sans truffes, ni champignons, en ayant soin d'y ajouter deux ou trois feuilles de gélatine.

En règle générale, les grives pour croustades doivent être désossées, mais ceci est trop compliqué.

Grive en Casserole à la Provençale. — Même procédé que la caille.

Macreuse Farcie. — Tailler des morceaux de lard maigre et du maigre de jambon, un petit morceau de porc frais et le foie de la macreuse. Hacher une échalotte, faire revenir légèrement; ajouter les ingrédients préparés pour la farce, la faire revenir, ajouter de la mie de pain trempée dans du lait, des anchois et du persil haché. Piler le tout au mortier avec un œuf battu et passer au tamis. Assaisonner de sel, poivre et muscade.

Farcir la macreuse et la rôtir à la broche.

Macreuse Farcie Provençale. — Cette formule est pratiquée dans les environs de Berre (B.-du-R.).

Hacher de l'oignon finement, le faire colorer à l'huile ou à la graisse, de préférence, y ajouter de la chair à saucisses, la même quantité de mie de pain trempée au lait et bien exprimée; quelques olives noires désossées, sel, poivre, ail haché très fin, persil et quatre anchois, le tout bien haché. Farcir la macreuse, la faire rôtir à la broche, bien entourée de bardes de lard, en l'arrosant souvent avec le jus qu'elle rend. La servir avec son jus dégraissé dans une saucière.

On peut la cuire en cocotte. Dans ce cas, on y ajoute un verre de vin blanc que l'on laisse réduire de moitié.

Sanglier. — Le sanglier s'apprête en civet, comme le lapin.

Rôti, avec une sauce poivrade ou une sauce piquante.

On doit le mariner quelques jours.

CHAPITRE IX

LÉGUMES ET FARINEUX

Artichauts Bouillis à la Vinaigrette. — Débarrasser les artichauts des mauvaises feuilles et les cuire à l'eau salée. Servir une sauce vinaigrette à part. Se mangent chauds ou froids.

Artichauts Barigoule. — Parer les artichauts en leur coupant la pointe, les blanchir cinq minutes et détacher le foin (à l'aide d'une cuillère) qui se trouve au milieu et les feuilles du centre. Farcir avec une farce composée comme suit : maigre de jambon, petit salé, persil, ail, le tout haché finement ; assaisonner sel et poivre. Les ranger ensuite dans une casserole après avoir foncé, avec des couennes de lard, des oignons, des carottes, du thym, du laurier, de l'huile, de l'ail et faire revenir. Lorsque le tout commence à colorer, mouiller avec de l'eau et du bouillon et finir de cuire au four, bien couvert. Servir, en passant le jus sur les artichauts.

Beignets d'artichauts. — Prendre des artichauts très jeunes, enlever les premières feuilles jusqu'à la partie blanche, couper le sommet, tailler en quartier, les assaisonner de sel, poivre, huile et tremper chaque morceau dans une pâte à frire. (Voir la formule au Chapitre des Pâtes.) Faire frire à friture très chaude.

Artichauts à l'Italienne. — Sectionner en quartiers, comme ci-dessus, les artichauts en quatre et les blanchir cinq minutes. Hacher un oignon, le revenir au beurre ou à l'huile, avec du jambon haché, une pointe d'ail et du persil. Mouiller avec un verre de vin blanc que l'on laisse réduire et finir de mouiller avec de l'eau. Assaisonnement sel, poivre et laurier. Cuire au four à casserole couverte. La cuisson terminée, retirer les morceaux et réduire le mouillage en y ajoutant une cuillerée de coulis. Dresser dans un légumier et saucer dessus.

Artichauts et Pommes Nouvelles à l'Etouffée. — Couper les artichauts en quatre, enlever les mauvaises feuilles extérieures, ainsi que le foin et les mettre dans de l'eau acidulée. Faire revenir, légèrement, à l'huile, de l'oignon haché et ajouter les quartiers d'artichauts avec : deux gousses d'ail et un bouquet garni. Faire revenir quelques minutes et incorporer une cuillère à bouche de coulis, un verre de vin blanc, du sel et du poivre. Couper des petites pommes nouvelles en quartiers, préalablement blanchies, les faire colorer à la poêle, au beurre, les ajouter dans les artichauts ; mouiller le tout avec du bouillon et de l'eau et finir de cuire au four, bien couvert. Il doit rester très peu de sauce à la fin de la cuisson. Servir dans un légumier, le bouquet garni enlevé.

Fonds d'Artichauts Farcis. — Couper la pointe des artichauts assez bas, enlever les feuilles vertes tout autour jusqu'à ce que l'on aperçoive le blanc, les vider avec un couteau rond ou avec une cuillère à légumes et les citronner pour les empêcher de noircir. Les tremper dans de l'eau citronnée et salée dans laquelle on aura délayé un peu de farine et les cuire dans cette eau.

Préparer ensuite une farce comme suit : avec des restes de rôti de veau et d'agneau faire un hachis ; revenir dans une casserole de l'oignon haché, ajouter le hachis avec sel, poivre, ail et persil hachés et une cuillerée à bouche de coulis.

Retirer les artichauts, les dresser dans une casserole ou un plat à gratin, les farcir, les saupoudrer de chapelure, les arroser de beurre fondu, d'une cuillerée de bouillon et les faire gratiner au four.

Aubergines Farcies. — Les éplucher, les couper en deux avec un couteau pointu, faire des incisions transversales, les saler, les huiler, les passer au four. Les farcir avec une farce comme il est dit pour les tomates en y ajoutant un peu de chair des aubergines, retirée au préalable, et les gratiner au four.

Aubergines à la Provençale. — Couper les aubergines en deux, sans les éplucher, dans le sens de la longueur ; les inciser avec la pointe d'un couteau, les saler pour leur faire rendre l'eau et les frire à l'huile. Ranger les aubergines dans un plat à gratin, les garnir avec ce qui suit : hacher de l'oignon, le colorer à l'huile, ajouter quelques tomates concassées avec sel, poivre, ail et persil hachés. Passer au four dix minutes.

Ragoût d'Aubergines à la Provençale. — Faire colorer un oignon à l'huile. Couper des aubergines, des courgettes et des piments que l'on fait sauter, séparément, à la poêle, à l'huile. Hacher des tomates, les revenir avec de l'oignon et ajouter les aubergines, les courgettes et les piments. Laisser cuire 25 minutes avec ail et persil hachés, sel et poivre.

Blettes. — Les côtes s'apprêtent de la même façon que les cardons et les feuilles comme les épinards.

Cardons. — Les cardons doivent être minutieusement débarrassés des filaments qui les entourent. Ils sont ensuite coupés en morceaux de cinq centimètres de long, cuits dans de l'eau acidulée au citron ou au vinaigre, avec de la farine délayée.

Cardons à la Crème. — Les cuire comme ci-dessus. Les servir dans une sauce crème (Voir au Chapitre des Sauces.) après les avoir fait suer au beurre quelques minutes.

Cardons à la Ménagère. — Faire revenir de l'oignon haché dans le beurre, ajouter un anchois ou deux et une cuillerée de farine. Mouiller au bouillon ou à l'eau avec ail et persil hachés. Dix minutes avant de servir, ajouter les cardons, préalablement cuits comme ci-dessus, après avoir lié la sauce avec un jaune d'œuf et du fromage.

Cardons à la Moelle. — Faire revenir de l'oignon haché, au beurre, avec une cuillerée de farine; mouiller avec du bouillon, sel, poivre, laurier, persil haché et une pointe d'ail. Laisser cuire 25 minutes et ajouter les cardons préalablement cuits. Cinq minutes avant de servir, ajouter des rondelles de moelle pochées à l'eau.

Beignets de Cardons. — Cuire les cardons, ainsi qu'il est indiqué plus haut, les mariner avec sel, poivre et huile. Les tremper dans de la pâte à frire et les cuire dans la friture bien chaude.

Cardons Polonaise. — Les cardons étant cuits, les faire revenir cinq minutes à la poêle, au beurre. Les mettre dans un légumier, les saupoudrer de persil et d'œufs durs passés au tamis avec un beurre noisette dessus au moment de servir.

Carottes à la Crême. — Couper les carottes en quartiers, les cuire à l'eau avec sel, beurre et sucre. Préparer une sauce crême et, lorsque les carottes sont cuites, les ajouter à la sauce.

Carottes à la Vichy. — Emincer les carottes, les mettre à cuire avec eau, beurre, sel et sucre. Les cuire vivement jusqu'à complète évaporation de l'eau, de façon qu'elles soient légèrement rissolées.

Céleris Braisés. — Ecourter les pieds de céleris à vingt centimètres, enlever les mauvaises côtes; les laver soigneusement et les blanchir cinq minutes. Préparer un fonds de braisé avec lard, oignons, carottes, thym et laurier et faire revenir jusqu'à coloration. Jeter les céleris et les mouiller au bouillon ou à l'eau. Les cuire au four dans une casserole couverte, avec sel et poivre. 50 minutes de cuisson.

D'autre part, avoir un peu de fonds de veau, coupé par moitié, avec l'eau des céleris, et le lier avec de la farine délayée. Laisser cuire dix minutes et saucer sur les céleris.

Céleris à la Moelle. — Même procédé que les cardons.

Céleris à la Crême. — Les cuire comme ci-dessus. Les saucer avec une sauce crême.

Céleris au Gratin. — Les cuire comme il est indiqué plus haut, les ranger dans un plat à gratin avec une Béchamel dessus, saupoudrer de fromage; beurrer et gratiner au four.

Asperges Sauce Vinaigrette ou Hollandaise. — Effeuiller les asperges, les racler et les laver. Les mettre en bottes et bien les ficeler afin qu'elles ne se détachent pas pendant la cuisson.

La cuisson a lieu dans l'eau salée, en ébullition, en les recouvrant d'un linge. Le temps de cuisson est de 20 à 30 minutes.

Avant de les dresser, on les plonge une seconde dans de l'eau froide, afin de leur enlever leur âpreté.

Les dresser sur une serviette avec une touffe de persil en branches. La sauce qui les accompagne est toujours servie à part.

Asperges à la Milanaise. — Les cuire comme il est indiqué ci-dessus et les ranger sur un plat bien beurré et fromagé. Chaque couche d'asperges est assaisonnée de fromage râpé, salée et poivrée et arrosée ensuite de beurre fondu. Faire gratiner.

Pointes d'Asperges à la Crème. — Avant de cuire les pointes, on les prend une à une dans la main gauche, le gros bout dans la paume, ou promener sur chacune d'elle le pouce et l'index de la main droite en les serrant légèrement, afin qu'elles se rompent exactement à l'extrémité de la partie dure.

On les coupe ensuite en morceaux d'un centimètre de long, on les cuit à l'eau salée bouillante, 10 à 15 minutes. On les égoutte, on les met dans une casserole beurrée et on les lie avec la crème double réduite ou avec une sauce crème, légèrement assaisonnée de sel et poivre.

Cèpes à la Provençale. — Blanchir les cèpes, cinq minutes, avec un peu d'eau ; les égoutter, les faire sauter à la poêle, à l'huile, jusqu'à ce qu'ils soient rissolés. Au dernier moment, ajouter ail et persil.

Cèpes Bordelaise. — Même procédé que la « Provençale », ajouter, en plus, des échalottes hachées.

Chou-Fleur Sauce Hollandaise. — Cuire à l'eau salée le chou-fleur. Le servir sur serviette avec une sauce hollandaise à part. (Voir Chapitre des Sauces.)

Chou-Fleur au Gratin. — Le cuire comme ci-dessus, le ranger dans un plat à gratin, le couvrir d'une Béchamel, saupoudrer de fromage et gratiner au four.

Chou-Fleur Polonaise. — Cuire le chou à l'eau salée. Le dresser dans un légumier avec sel, poivre, persil haché et œufs durs finement hachés. Au moment de servir, jeter un beurre noisette dessus.

Chou Farci. — Voici une façon simple et pratique pour faire un gros chou farci.

Enlever les mauvaises feuilles du chou, retirer les autres une à une, les bien laver, les mettre à blanchir 7 à 8 minutes.

Prendre un légumier un peu grand, croiser dans le fond des bouts de ficelles, qu'on laisse assez longs pour qu'ils dépassent les bords du légumier.

Dresser les feuilles de chou dans le légumier en mettant d'abord les vertes, les blanches au milieu, rabattre les feuilles sur la farce, attacher les ficelles les unes avec les autres, bien les serrer afin que le chou ait sa première forme.

Marquer un fonds de braisé avec lard, couenne, oignon, carottes, revenus. Lorsqu'il est coloré, mettre le chou et mouiller avec du bouillon ou du bon jus. Faire prendre l'ébullition et cuire au four couvert, deux heures environ. Il ne doit rester de jus dans la casserole que ce qu'il faut pour accompagner le chou.

Farce pour le Chou Farci. — Employer la desserte du bœuf bouilli, du veau ou de l'agneau, hachée finement.

Faire revenir un oignon haché, au saindoux, ajouter la viande hachée, de la chair à saucisses, du pain trempé bien pressé pour qu'il ne contienne plus d'eau, de l'ail et du persil hachés, un œuf entier battu ; sel, poivre et muscade.

Potée Auvergnate. — Cuire un chou avec : petit salé, un morceau de jambon, des carottes et un oignon piqué d'un clou de girofle. Quand la cuisson est avancée, ajouter quelques pommes de terre. Servir le tout ensemble.

Choucroute. — Prendre de la choucroute, la mettre à dégorger quelques heures dans l'eau, l'égoutter, bien l'exprimer. Avoir une marmite en terre ou une braisière, ce qui vaut mieux encore pour éviter que la choucroute pince au fond de la marmite, ou mettre une assiette au fond ; mettre un oignon piqué, des carottes, des baies de genièvre et du poivre en grains. Placer la moitié de la choucroute, ajouter du petit salé fumé, du porc fumé, une bonne cuillerée de saindoux, deux pommes reinettes épluchées, épépinées ; placer l'autre moitié et mouiller à hauteur avec du bouillon ou, à défaut, avec de l'eau. Faire prendre l'ébullition et finir de cuire au four pendant cinq heures. A mi-cuisson, retirer le lard et le porc. Quinze minutes avant de servir, y cuire des saucisses de Francfort.

Cuire à part des pommes nature, que l'on sert autour de la choucroute, avec les saucisses, le lard et le porc.

Courgettes Farcies. — Eplucher les courgettes, les vider, les saler, les huiler et les passer dix minutes au four. Les farcir ensuite avec la même farce qu'il est indiqué pour les aubergines. Saupoudrer de fromage et faire gratiner.

Courgettes Farcies Ménagère. — Eplucher les courgettes, les couper en deux et les passer au four dix minutes. Les ranger dans un plat à gratin, les farcir et les gratiner, saupoudrées de fromage et de beurre.

Farce : Hacher un peu d'oignon, le faire revenir au beurre ou au saindoux, hacher également la chair retirée des courgettes et la faire revenir avec l'oignon. Lorsqu'elle est colorée, ajouter du pain trempé dans le lait que vous exprimez bien, du persil et de l'ail haché, du fromage, du sel, du poivre et un œuf entier battu.

Courgettes Frites. — Les traiter comme les aubergines.

Épinards à la Crême. — Cuire les épinards à grande eau salée, ne les jeter dedans que lorsqu'elle est en ébullition.

Les égoutter, les rafraîchir, les exprimer et les hacher bien fin. Mettre un morceau de beurre dans une casserole. Lorsqu'il est bien chaud ajouter les épinards, les faire revenir dix minutes, avec sel, poivre et muscade.

Préparer, d'autre part, une Béchamel et l'incorporer dans les épinards. Servir des croûtons de pain frits autour.

Épinards au Jus. — Même procédé que ci-dessus. Ajouter du jus à la place de la Béchamel et un peu de farine en les faisant revenir. Une cuillerée de jus dessus en les servant.

Épinards aux Œufs. — Même procédé que pour les épinards à la crême, y ajouter des œufs durs hachés grossièrement et gratiner au four.

Fèves à la Paysanne. — Enlever la deuxième enveloppe des fèves. Faire revenir des oignons nouveaux émincés au beurre, une laitue coupée en julienne, avec sel, poivre et ail ; mouiller à l'eau et cuire à l'étouffée.

Haricots Blancs Bretonne. — Mettre toujours les légumes secs à tremper la veille dans de l'eau froide.

Les cuire à l'eau froide avec un oignon piqué de clou de girofle et une carotte. Faire revenir un oignon émincé avec lard maigre coupé en dés et des tomates concassées ou, à défaut, de la sauce tomates.

Mouiller au bouillon avec bouquet garni, ail et persil hachés ; laisser cuire quarante minutes, sel, poivre, passer au tamis et jeter sur les haricots préalablement égouttés. Laisser mijoter le tout vingt minutes.

Haricots en Purée. — Les haricots en purée accompagnent principalement les rôtis de porc. Les cuire comme il est indiqué ci-dessus, les passer au tamis et les mettre à point avec du beurre et du lait.

Laitues Braisées au Jus. — Enlever les mauvaises feuilles des laitues, les laver et les mettre à blanchir. Marquer un fonds de braisé avec couenne, lard, oignon et carottes, que l'on fait revenir. Mettre les laitues, mouiller à l'eau ou au bouillon, assaisonner sel, poivre et muscade et cuire au four à l'étouffée.

La cuisson terminée, les retirer, les couper en deux, les dresser dans un légumier avec un peu de jus de rôti et de la cuisson des laitues. Faire un fonds lié avec un beurre manié et le verser sur les laitues en servant.

Lentilles. — Comme tous les légumes secs, les lentilles doivent subir un trempage préalable dans l'eau. On les met le soir pour le matin. De même on les cuit en les mettant à l'eau froide.

Garniture : un oignon piqué de clous de girofle, une tête d'ail, un bouquet garni et sel.

Lentilles Bretonne. — Les lentilles étant cuites, les égoutter dans une passoire ; les mettre dans une casserole et les mouiller avec une sauce bretonne, comme pour les haricots blancs.

Lentilles en Purée. — Les cuire comme il est indiqué ci-dessus. Les égoutter, les passer au tamis, finir la purée avec un morceau de beurre frais et ajouter du lait, du sel et de la muscade.

Navets Bourgeoise. — Peler des navets, les tailler comme de petites pommes nouvelles et les cuire à l'eau, sel et beurre.

Préparer un oignon haché revenu au beurre et une cuillerée de coulis ; mouiller avec bouillon ou eau, sel, poivre, persil haché, pointe d'ail et bouquet garni.

Les navets cuits aux trois quarts, les jeter dans la sauce et les finir de cuire.

Oignons Farcis. — Choisir des oignons d'égale grosseur, les éplucher et les blanchir. A l'aide d'une cuillère, creuser le milieu en forme de puits et les cuire à l'eau salée. A mi-cuisson, les égoutter et les farcir avec une farce comme il est indiqué pour les choux farcis. Les mettre dans un sautoir beurré, mouiller au bouillon, faire prendre l'ébullition, les couvrir et les finir de cuire au four.

Petits Oignons Glacés pour Garniture. — Plonger les petits oignons dans de l'eau bouillante, puis les éplucher. Les cuire dans une casserole couverte, au four, avec beurre, eau, sel et sucre, jusqu'à évaporation complète.

Pois Mange-Tout Paysanne. — Couper les extrémités des pois et les laver. Les faire revenir au beurre avec des oignons nouveaux émincés, des lardons de lard maigre, mouiller avec un peu de bouillon ou eau, sel, poivre, une pincée de sucre et les cuire doucement à l'étouffée.

Petits Pois au Beurre. — Cuire les petits pois à l'eau salée, les égoutter, les mettre en casserole avec sel, pincée de sucre; les faire suer quelques minutes et les égoutter de nouveau. Les remettre en casserole, les sauter en y ajoutant, au fur et à mesure, des petits morceaux de beurre et servir de suite.

Petits Pois à la Française. — Emincer de la laitue, des oignons nouveaux dans une casserole ou un poêlon un peu haut, avec beurre et sel. Mettre les petits pois avec un bouquet garni, mouiller à l'eau bouillante et cuire à feu vif. Au dernier moment, lier avec un morceau de beurre mélangé avec de la farine.

Petits Pois Bonne Femme. — Emincer des oignons nouveaux, les faire revenir au beurre, ajouter des lardons de lard maigre, de la laitue coupée en julienne et faire revenir lc tout. Ajouter les petits pois, mouiller à l'eau avec sel, poivre, pincée de sucre et bouquet garni. Dix minutes avant de servir lier avec du beurre délayé dans de la farine.

Petits Pois au Jambon. — Même procédé que ci-dessus. Supprimer les laitues et mettre du jambon à la place du petit salé.

Carottes aux Petits Pois. — Choisir de toutes petites carottes nouvelles, ou, si elles sont grosses, les tailler en petites gousses d'ail. Les faire blanchir et les égoutter, ensuite les mettre dans une casserole avec un bon morceau de beurre.

Ajouter le même volume de petits pois frais écossés et assaisonner de sel, poivre et muscade. Cuire quelques minutes à couvert, en les sautant de temps en temps, les mouiller ensuite avec une cuillerée de bouillon et les laisser finir de cuire. Au moment de servir, les lier avec une cuillerée de crême et deux jaunes d'œufs.

Gratin de Courge. — Couper de la courge en petits morceaux, la mettre dans une casserole avec du beurre et la faire revenir à petit feu. Les morceaux bien attendris et dépouillés de leur humidité, passer au tamis et mettre la purée obtenue dans une terrine. D'autre part, mettre dans une casserole, gros comme un œuf, du beurre avec deux cuillerées à bouche de farine, tourner quelques minutes sur le feu sans laisser roussir et délayer avec du lait bouillant. Laisser cuire cette sauce quelques minutes à feu doux, puis la mélanger à la purée de courge et l'assaisonner avec sel, poivre et muscade. Incorporer à ce mélange trois ou quatre œufs battus et verser le tout dans un plat à gratin grassement beurré. Saupoudrer de panure, arroser de beurre fondu et gratiner à la crême.

Salsifis. — Râcler les salsifis, après avoir sectionné les extrémités et les plonger dans de l'eau vinaigrée pour qu'ils ne noircissent pas.

Délayer, d'autre part, une poignée de farine, à l'eau froide, saler, ajouter les salsifis et cuire une heure et demie environ.

Salsifis à la Crême. — Les cuire comme il est indiqué ci-dessus, après les avoir coupés en morceaux. Les saucer avec une sauce crême.

Salsifis au Gratin. — Les cuire comme il est indiqué plus haut et les ranger dans un plat à gratin. Préparer une Béchamel un peu consistante, la verser sur les salsifis ; saupoudrer de fromage et de beurre et gratiner au four.

Beignets de Salsifis. — Les cuire comme il est indiqué, les couper en morceaux, les mettre à mariner avec de l'huile, sel, poivre et persil haché. Les tremper un à un dans une pâtre à frire, les cuire à friture très chaude et les servir sur serviette.

Tomates Farcies. — Prendre de belles tomates, bien lisses, les tailler en deux, les presser pour leur enlever les graines, les saler, les mettre dans un plat à gratin avec de l'huile et les passer à four vif 7 à 8 minutes.

Préparer, d'autre part, une farce avec de l'oignon haché revenu, de la desserte de bœuf, de veau, etc., hachés finement avec ail et persil, sel, poivre, muscade et un œuf battu. Farcir les tomates, parsemer de chapelure, huiler et faire gratiner au four.

Tomates Farcies au Maigre. — Couper de belles tomates en deux, les assaisonner, les huiler et les passer au four dans un plat à gratin 7 à 8 minutes. Préparer une Béchamel bien serrée, bien assaisonnée, avec sel, poivre et muscade. Lier avec deux ou trois jaunes d'œufs, farcir les tomates, saupoudrer de fromage, les arroser de beurre fondu et faire gratiner au four.

Tomates à la Provençale. — Partager les tomates en deux, les exprimer et les ranger dans un plat à gratin ; les saler, les huiler et les passer 7 à 8 minutes au four. Hacher de l'ail et du persil, mélanger avec de la chapelure, saupoudrer les tomates et les finir de cuire.

Tomates aux Fines Herbes. — Même procédé que ci-dessus en supprimant l'ail.

Tomates Farcies à la Ménagère. — Préparer une farce, ainsi qu'il est indiqué pour les courgettes.

Ouvrir les tomates en deux, les exprimer et les farcir avec la farce indiquée. Chapelurer le dessus, les ranger dans un plat à gratin, les arroser d'huile et les cuire au four.

La cuisson terminée, l'eau rendue par les tomates doit être complètement évaporée.

Topinambours à la Crème. — Peler les topinambours, les cuire à l'eau, les égoutter et les mélanger avec une sauce crème, après les avoir sautés au beurre.

POMMES DE TERRE

Les recettes concernant les pommes de terre étant si nombreuses, nous n'énumérerons que les plus simples.

Pommes de Terre à la Crème. — Cuire les pommes de terre en robe de chambre, avec eau et sel. Les éplucher, les émincer, les mettre dans une casserole et les mouiller avec du lait bouillant. Assaisonnement sel et muscade. Les laisser bouillir environ trente minutes et les beurrer avant de les servir.

Croquettes de Pommes de Terre. — Eplucher des pommes de terre, jaunes de préférence, et les cuire à l'eau salée. Les égoutter, les passer au tamis, les mettre ensuite dans une casserole, les travailler avec une cuillère en bois et un morceau de beurre avec sel, muscade et poivre. Ajouter des jaunes d'œufs selon la quantité et laisser refroidir. Rouler dans la farine, en tailler des morceaux de la grosseur d'un bouchon, les passer dans l'œuf battu et la chapelure et les frire à friture très chaude, au dernier moment.

Pommes Duchesse. — Même opération que les pommes croquettes sans les passer. On leur donne la forme de losanges en les aplatissant, on quadrille le dessus avec le dos d'un couteau, on les dore avec un jaune d'œuf additionné d'eau et on les fait colorer au four sur une plaque beurrée. On les sert généralement avec un rôti ou une grillade.

Purée de Pommes Gratin. — Préparer une purée de pommes, incorporer du fromage râpé, deux ou trois œufs entiers, verser dans un plat à gratin, saupoudrer de fromage, beurrer et gratiner au four.

Pommes Paysanne. — Colorer au beurre une douzaine de petits oignons, avec la même quantité de lardons de lard maigre, un grain d'ail entier et un bouquet garni comprenant : thym, laurier, persil en branches et céleri. Dès la coloration obtenue, ajouter deux tomates fraîches exprimées et hachées ou la même quantité de coulis et un bon demi-litre de bouillon ou eau.

Faire prendre l'ébullition pendant vingt minutes et y mettre à cuire de petites pommes nouvelles ou la même quantité de pommes hollandaises, coupées en gros dés.

25 minutes de cuisson à casserole couverte et au four ; persil haché, en servant.

Pommes à la Maitre d'Hôtel. — La formule est identique à celle des pommes à la crème, avec, en plus, tout au dernier moment, addition de fines herbes.

Pommes Macaire. — Mettre à cuire au four 50 minutes des pommes hollandaises, sans être pelées.

Les couper en deux, les assaisonner sel et poivre. Fondre du beurre frais dans une poêle, y tasser les pommes avec le dos d'une écumoire et les laisser colorer. Les retourner pour colorer l'autre face, puis, à résultat acquis, les glisser sur un plat rond.

Pommes Pont-Neuf. — Peler des pommes hollandaises, les tailler en carrés de six centimètres de long, d'un centimètre de côté, les laver et les essuyer.

Chauffer la friture dans une poêle et, lorsqu'elle est fumante, y plonger les pommes. (La friture, huile ou graisse, doit être en assez grande quantité pour que les pommes baignent.) Les cuire jusqu'à ce que les pommes soient molles au toucher et les égoutter. Faire chauffer la friture à une chaleur plus forte, tremper les pommes une seconde fois et ne les retirer que lorsqu'elles sont craquantes.

Pommes Rissolées. — Faire blanchir des pommes, une minute, les égoutter, puis les faire saisir à beurre chaud en les assaisonnant à mi-cuisson. La cuisson terminée, les égoutter, réserver le beurre, puis les ramollir avec un morceau de beurre frais.

Pommes Sautées. — Cuire des pommes en robe de chambre, les éplucher, les émincer et les sauter à la poêle, au beurre frais, jusqu'à ce qu'elles aient pris couleur. Assaisonner sel et poivre et, au dernier moment, fines herbes. Elles doivent être légèrement dorées.

Pommes Purée. — Peler les pommes et les cuire, à l'eau salée, 25 minutes environ. Les égoutter et passer au tamis de fer fin ; remettre la purée dans la même casserole en la travaillant avec une cuillère de bois, ajouter du beurre et du lait et assaisonner.

Elle ne doit être ni trop liquide ni trop épaisse.

Gratin Grenobloise. — Peler des pommes hollandaises, les émincer finement, les assaisonner sel, poivre et fromage. Les coucher en tas dans un plat à gratin bien beurré et les mouiller de lait froid. Fromager le dessus, arroser de beurre frais, faire bouillir et, ensuite, finir au four.

Pommes à la Lyonnaise. — Les pommes à la Lyonnaise sont des pommes sautées auxquelles on ajoute, au dernier moment, des oignons finement émincés, que l'on a fait colorer à la poêle, au beurre.

Pommes Fondantes. — Prendre des pommes hollandaises, les couper en forme de navettes, les ranger côte à côte dans un sautoir, les mouiller à hauteur avec eau et bouillon ou simplement avec eau et les assaisonner sel, poivre et beurre. Faire prendre l'ébullition, couvrir la casserole et les finir de cuire au four, sans les toucher, en les arrosant constamment. La cuisson terminée, les pommes doivent avoir absorbé tout le jus.

Si les pommes n'étaient pas cuites et l'eau disparue, il faudrait en ajouter.

Ne pas les préparer à l'avance, car elles durcissent aussitôt retirées du feu.

Haricots verts. — Les haricots étant triés, les faire blanchir dans l'eau salée, à forte ébullition.

Les égoutter aussitôt cuits et les assaisonner avec un morceau de beurre frais.

Haricots Verts à la Crême. — Cuire les haricots comme ci-dessus. Les égoutter et les passer au beurre.

Préparer une sauce crême, légère, en lier les haricots et faire mijoter deux minutes.

CHAPITRE X

PATES
ET GARNITURES DIVERSES

MACARONIS, NOUILLES, RIZ, SEMOULES, GNOCCHIS
RAVIOLIS, CANELONIS, ETC.

Macaronis Italienne. — Cuire des macaronis à l'eau salée (mettre assez d'eau pour que les macaronis soient largement recouverts). Temps de cuisson : 20 à 25 minutes selon grosseur.

Dès la cuisson terminée, les égoutter, les mettre dans une casserole, y ajouter des morceaux de beurre frais et du parmesan mélangé délicatement avec la pointe d'une fourchette. Assaisonnement : sel, poivre et pointe de muscade. Les servir dans un légumier en les saupoudrant de fromage.

Macaronis à la Napolitaine. — Cuire les macaronis sans les couper. Préparer un bon coulis de tomates, additionné d'un bon jus de bœuf braisé et mélanger le tout avec beurre et fromage.

Macaronis à la Bolognaise. — Cuire les macaronis à la méthode ordinaire. D'autre part, couper en petits dés du filet de bœuf (partie de la queue) les sauter à la poêle à feu vif, avec échalote ou oignon haché, sauge, sel et poivre, Lorsqu'ils sont colorés, ajouter une cuillerée de sauce tomates, un peu de jus ou de l'eau et laisser cuire quelques minutes. Préparer les macaronis au beurre et au fromage, comme il est indiqué à l'Italienne et dresser dans un légumier, en versant le petit ragoût sur les macaronis.

Macaronis au Gratin. — Cuire les macaronis comme à l'ordinaire. Faire une Béchamel assaisonnée avec sel, poivre, muscade et jeter dans les macaronis soigneusement égouttés. Saupoudrer de fromage et mélanger le tout. Dresser dans un plat à gratin, fromage dessus; beurrer et gratiner au four.

Macaronis à la Provençale. — Préparer un bon bœuf en daube et, d'autre part, faire cuire des macaronis. Les égoutter et les mouiller avec le jus de bœuf et saupoudrer de fromage. Les dresser dans un plat à gratin, fromage râpé dessus et faire gratiner au four.

Macaronis à la Niçoise. — Hacher de l'oignon, le faire revenir à l'huile et au beurre avec ail écrasé, tomates fraîches concassées et laisser mijoter quinze minutes. Egoutter les macaronis, les mélanger avec la sauce ci-dessus, avec sel, poivre, fromage râpé et une cuillerée de jus.

Nouilles. — Les nouilles subissent les mêmes apprêts que les macaronis et la façon de les faire cuire est la même.

Pâte à Nouilles Fraîches. — Prendre 500 grammes de farine bien tamisée, former un puits dans le milieu, y casser cinq œufs entiers, avec sel, une cuillère d'eau et pétrir le tout ensemble.

La pâte ainsi obtenue, la laisser reposer quelques minutes. La diviser ensuite en trois morceaux, étendre chaque morceau avec un rouleau pour obtenir des abaisses très minces et les laisser sécher 15 à 20 minutes. Les plier ensuite en quatre en les saupoudrant de farine et les tailler en julienne. On peut les conserver quelque temps en les tenant dans un endroit sec.

Rizzotto Piémontaise. — Hacher de l'oignon finement, le faire revenir au beurre dans une casserole. Quand il commence à colorer, ajouter le riz et le faire revenir deux ou trois minutes; le mouiller avec du bouillon, à défaut avec de l'eau (trois fois sa hauteur) et le faire cuire 18 à 20 minutes. Au dernier moment, incorporer du fromage râpé et un morceau de beurre en le mélangeant délicatement avec la pointe d'une fourchette. Saupoudrer de fromage dessus, en servant.

Il est essentiel pour les Rizzottos d'employer du riz de première qualité, soit du Piémont, soit de Caroline, etc.

Rizzotto aux Foies de Volailles. — Préparer le riz comme ci-dessus. Prendre des foies de volailles bien nettoyés, les sauter vivement à la poêle, au beurre, avec échalotes hachées et une cuillère sauce tomates. Déglacer au vin blanc.

Dresser le riz dans un légumier, former un puits au milieu, y jeter les foies de volailles et saupoudrer de persil haché.

Rizzotto Milanaise. — Cuire le riz comme ci-dessus, en y ajoutant du safran, des morceaux de volailles émincés, du jambon et des champignons secs rissolés à la poêle, à l'huile. Mélanger et faire cuire le tout ensemble 18 à 20 minutes.

Autre recette. — Rizzotto safrané, lié au parmesan et beurre.

Rizzotto Provençale. — Hacher un oignon finement, le faire revenir à l'huile. Dès qu'il commence à colorer, ajouter des tomates fraîches hachées grossièrement et les faire revenir avec des gousses d'ail écrasées.

Mouiller le riz à l'eau et ajouter du fromage râpé avant de servir. On peut, avec cette façon de faire cuire le riz, y ajouter des saucisses.

Rizzotto Financière. — Préparer un riz au beurre et fromage, ainsi qu'il est indiqué au Riz Piémontaise, préparer également une financière (voir aux Garnitures), dresser le riz dans un légumier et garnir le centre avec la financière.

Croquettes de Riz. — Faire cuire le riz, ainsi qu'il est indiqué à la formule Riz Piémontaise. Lorsqu'il est cuit, le lier avec des jaunes d'œufs et le faire cuire encore quelques minutes tout en le remuant. Le verser ensuite sur un plat beurré.

Lorsqu'il est froid, former des croquettes de la grosseur d'un gros bouchon, les rouler dans la farine, les tremper dans des œufs battus et salés, les passer dans de la chapelure ou, de préférence, dans de la mie de pain fraîche ; les cuire à la friture bouillante et les servir avec une sauce tomates à part.

Croquettes de Semoule. — Proportions : 1 litre de lait, 225 grammes de semoule, 4 jaunes, 3 œufs entiers, 50 grammes de beurre, 125 grammes de fromage.

Voici la façon d'opérer :

Faire prendre l'ébullition au lait en y ajoutant le beurre avec sel et muscade. Verser la semoule en pluie, la tourner avec une spatule en bois jusqu'à complète cuisson. Incorporer alors 125 grammes de fromage râpé, les jaunes, les œufs entiers et mettre à refroidir. Détailler alors en boules et leur donner la forme d'un bouchon.

Les tremper dans l'œuf battu et la chapelure, les cuire à friture très chaude et les retirer dès qu'elles sont colorées.

En supprimant le sel et le fromage, en les sucrant et en les parfumant, cela fait un petit entremets de famille que l'on sert avec une crème vanille.

Gnocchis de Polenta. — Proportions : 1 litre de lait, 200 grammes de farine de maïs, 100 grammes beurre, 100 grammes fromage râpé, sel, muscade et quatre œufs entiers.

Donner l'ébullition au lait ; avec le beurre et l'assaisonnement, y verser la farine de maïs en pluie. Dès qu'elle est consistante, ajouter les œufs battus, le fromage râpé, et la débarrasser sur une plaque ou sur un marbre, en l'aplatissant jusqu'à ce qu'elle n'ait plus qu'un doigt d'épaisseur.

Laisser refroidir, tailler ensuite des rondelles à l'emporte-pièce, les ranger dans un plat à gratin, saupoudrer de fromage râpé, arroser de beurre fondu et gratiner au four.

Dans le cas où l'on n'aurait pas d'emporte-pièce à sa disposition, ne pas le mettre sur une plaque, le laisser dans la casserole et prendre l'appareil avec une cuillère à bouche, trempée dans de l'eau, en lui donnant la forme d'un œuf.

Gnocchis de Pommes à la Niçoise. — Eplucher des pommes de terre et les cuire à l'eau salée. Dès qu'elles sont cuites, les égoutter, les sécher quelques minutes dans le four et les passer ensuite au tamis en fer.

Peser, en égale quantité, de la farine bien tamisée, l'incorporer avec les pommes de terre en bien travaillant le tout et ajouter trois ou quatre œufs entiers battus avec sel, poivre, muscade et fromage râpé.

Former une grosse boule de cette pâte, la couper en cinq ou six morceaux, les rouler dans la farine pour les ramener à l'épaisseur d'une quenelle et les détailler ensuite au couteau. Les cuire à l'eau bouillante salée, 7 à 8 minutes, les égoutter, les ranger par couches dans un plat à gratin, les saupoudrer de fromage râpé et de jus et les gratiner au four.

Gnocchis Romaine. — Proportions : 1 litre de lait, 200 grammes semoule (ne jamais employer de la semoule trop fine), sel, muscade, 100 grammes beurre, trois œufs entiers battus et 150 grammes parmesan râpé.

Même opération que les gnocchis de polenta.

Gnocchis à la Française. — Préparer une pâte à choux comme suit :

Un petit verre d'eau d'un sixième de litre environ, 50 grammes beurre, quatre œufs entiers, 100 grammes de farine, sel, muscade et poivre. (Voir Chapitre Pâtisserie.) Ajouter à peu près la moitié moins de purée de pommes de terre et mélanger le tout. Mettre une casserole à bouillir avec eau et sel. Placer la pâte dans une poche munie d'une douille ronde, appuyer la douille sur le bord de la casserole en ébullition, presser la poche avec la main gauche et, avec un couteau, sectionner les gnocchis à mesure qu'ils sortent, les laisser cuire 7 à 8 minutes et les égoutter dans de l'eau froide.

Préparer, d'autre part, une béchamel plutôt claire. Beurrer un plat à gratin, le saupoudrer de fromage, y ranger une première couche de gnocchis, la couvrir de sauce et de fromage ; arroser de beurre fondu et faire gratiner au four à feu doux.

Comme le détail à la poche demande une main assez expérimentée, il y a une méthode de procéder plus simple et à la portée de tous.

Avec deux cuillères à café que l'on plonge dans de l'eau tiède, prendre de la pâte à gnocchis dans une cuillère et l'enlever avec l'autre pour la jeter dans la casserole.

Pâte à Raviolis. — Proportions : 1 kilo de farine, deux cuillerées huile d'olive et de l'eau tiède. Verser la farine sur un marbre, mettre au milieu sel, eau et huile, délayer peu à peu la farine, la travailler quelques minutes avec la paume de la main, la former en boules, la saupoudrer de farine et la laisser reposer une heure.

Farce à Raviolis. — Préparer une bonne daube, piler la viande au mortier, finement avec des épinards, une cervelle de mouton cuite à l'eau, une cuillère de jus de daube, un œuf entier ou deux, selon la quantité, une poignée de fromage, poivre, muscade et un peu de sel.

On peut faire plusieurs sortes de farces : avec du veau, de la volaille ou du foie gras, en employant le même procédé que pour le bœuf.

Nous ne donnons que cette formule, celle-ci étant la plus usitée en Provence.

Recette pour faire les Raviolis. — Couper les morceaux de pâte ; les étendre au rouleau sur le marbre jusqu'à ce qu'ils deviennent très minces en ayant soin de saupoudrer de farine afin qu'ils ne s'attachent point.

Mettre, d'un côté, de petites boulettes de farce, parallèles, espacées de deux centimètres environ, jusqu'à concurrence de la moitié de l'abaisse de pâte ; humecter avec un petit pinceau et de l'eau chaque sillon, ainsi que les bords. Ramener la deuxième surface de pâte sur la première au moyen d'une règle en bois ou d'une planchette; appuyer sur chaque sillon pour souder les deux abaisses; opérer de même en sens inverse, transversalement, avec la roulette, et placer sur un papier fariné.

Cuisson pour les Raviolis. — Mettre de l'eau à bouillir avec sel. Lorsqu'elle bout, plonger les raviolis et couvrir le récipient; 10 minutes de cuisson. Les égoutter, les dresser par couches dans un plat à gratin en saupoudrant de fromage et de jus, les arroser de beurre fondu et les faire gratiner au four, légèrement.

Jus pour les Raviolis. — Prendre des os de veau, les faire revenir dans une casserole avec oignons, carottes, deux gousses d'ail et bouquet garni. Lorsque le tout est coloré, ajouter, si c'est la saison, quelques tomates bien mûres et hachées, sinon de la sauce tomates. Faire revenir le tout quelques minutes, ajouter un bon verre de vin blanc et laisser réduire.

Mouiller à l'eau, laisser cuire de deux à trois heures et lier avec de la farine délayée dans de l'eau.

La cuisson terminée, passer le fond au tamis en crin ou au chinois et mélanger avec le jus de daube, moitié par moitié.

Saucer les raviolis avec ce fond ou, à défaut, avec du jus de daube seulement.

Canelonis. — Cuire les canelonis à l'eau salée, en ayant soin de jeter dans l'eau une cuillère d'huile d'olives, ceci pour éviter que les canelonis s'attachent ensemble en cuisant. La cuisson terminée, les rafraîchir, les étaler sur un linge, les saupoudrer de fromage, les farcir et les rouler. Beurrer un plat à gratin, le saupoudrer de fromage, deux cuillerées de jus; dresser les canelonis côte à côte, les fromager, les beurrer avec du beurre fondu et faire gratiner au four. Même farce que pour les raviolis.

Canelonis au Gratin. — Les saucer avec une Béchamel et les gratiner.

Opérer de la même façon que ci-dessus.

Canelonis Provençale. — Faire blanchir les canelonis ainsi qu'il est indiqué.

Préparer une Béchamel assez épaisse, y incorporer une farce de rôti de veau et farcir les canelonis.

Les ranger dans un plat à gratin, fromager le dessus, arroser avec du jus de rôti et faire gratiner au four.

FARCES, MARINADES, SAUMURES,

Quenelles de Veau. — Piler 200 grammes de veau bien dénervé, sel, poivre, muscade et un morceau de beurre frais.

Préparer une pâte bien épaisse comme suit :

150 grammes farine, 1/2 litre de lait, 2 œufs entiers, mélanger le tout et mettre à cuire sur le fourneau jusqu'à ébullition. Dès qu'elle est bien ferme, la laisser refroidir, la mettre ensuite dans le veau et piler le tout ensemble et passer au tamis en fer. Préparer ensuite les quenelles en les roulant dans de la farine et en leur donnant la grosseur qui convient. Si elles sont destinées à un plat, les détailler un peu grosses ; si, par contre, elles sont destinées à une garniture, un peu plus petites.

Pour les faire cuire, les jeter dans l'eau bouillante salée ; a l'ébullition, les retirer pendant cinq minutes sur le coin du fourneau et les débarrasser.

Les tenir au frais pour s'en servir aux besoins.

Quenelles de Poissons. — Même procédé que les quenelles de veau. Remplacer le veau par du brochet ; à défaut, par du cabillaud. Ajouter au poisson, en le pilant, 200 grammes de graisse de rognons de bœuf bien dénervé.

Il est prudent, dans les deux cas, d'essayer une quenelle afin de se rendre compte si elles sont assez fermes. Dans le cas contraire, on ajouterait un ou deux jaunes d'œufs.

Saumure à Sec. — Une partie de salpêtre, dix parties de sel fin. Piquer les viandes avec une aiguille à brider, les frotter avec le sel et le salpêtre bien mélangés (1/4 de salpêtre, 3/4 de sel), les ranger dans un baquet, les couvrir avec le sel qui reste et mettre un poids dessus.

Si les viandes ne sont pas désossées, augmenter la dose de salpêtre.

Saumure Liquide. — Faire dissoudre un kilo de sel gros dans huit litres d'eau avec laurier, girofle, poivre en grains, 25 grammes de salpêtre et 40 grammes cassonade. Bien frotter les viandes dans le sel fin avant de les mettre en saumure. Les laisser immerger 15 à 20 jours.

Marinade pour Chevreuil, Sanglier, etc. — Deux litres de vinaigre, quatre litres eau avec sel, poivre en grains, laurier, thym, oignon, carottes émincées et ail entier. Faire réduire à moitié sur le feu et, dès qu'elle est froide, en recouvrir le gibier. Il peut se conserver ainsi de 25 à 30 jours.

NEURASTHÉNIQUES ! !

ÉPUISÉS ! ! ANÉMIÉS ! !

Candidats à la *TUBERCULOSE !*

Le plus actif, le plus puissant des fortifiants est, sachez-le bien, la

Sève de Sœur Candide

Son action est souveraine et rapide (il ne faut pas plus de 3 flacons pour une cure ordinaire) dans la faiblesse générale, asthénie, chlorose, rachitisme, les maladies de la Croissance des jeunes gens, la délicate période de la puberté des jeunes filles : pâleurs, palpitations, douleurs de leur âge critique, les convalescences de la Grippe, des typhoïdes, suites de mauvaises couches, les maladies de langueur, épuisement, bronchites, etc.

La **SÈVE** se trouve dans toutes les pharmacies.

Prix : 8 fr. 80 net

A défaut, envoyer un mandat-poste à nos Établissements qui expédieront franco de port et d'emballage.

CONSULTATIONS

Malades !... Nos Établissements vous offrent leurs consultations par correspondance. Nous avons un Service Médical parfaitement organisé, dont l'un des Docteurs spécialistes étudiera votre cas et vous donnera GRATUITEMENT ses conseils éclairés avec la plus absolue discrétion. (Joindre un timbre de 0 fr. 25 pour la réponse).

ÉTABLISSEMENTS DU DOCTEUR HENRI JAUME

5, Rue du Coq, 5. - MARSEILLE

EAUX MINÉRALES NATURELLES

Henri RAPHAËL

1, Rue Grignan, 1

MARSEILLE

TÉLÉPHONE 61.14   TÉLÉPHONE 61-14

SPÉCIALITÉ DE

SAFRANS
ÉPICES
POIVRES
THÉS

SUCRE VANILLINÉ

J. GARCIA - MARTINEZ

66, Boulevard Garibaldi
MARSEILLE

Pâtes Alimentaires de "LUXE"

AUX EAUX THERMALES

D'AIX - EN - PROVENCE

MARQUE

"LA VIERGE"

EN VENTE
dans les
Principales ÉPICERIES
de Marseille

Epices pour Gibier. — Dix grammes de thym, dix grammes de laurier, cinq grammes marjolaine, dix grammes serpolet, cinq grammes romarin, cinq grammes muscade, cinq grammes girofle, cinq grammes sauge, cinq grammes poivre de Cayenne et dix grammes poivre blanc. Piler le tout dans un mortier jusqu'à ce que l'on obtienne une poudre très fine. La loger ensuite dans une boîte hermétiquement fermée.

Epices pour Viande de Boucherie. — Piler ensemble vingt grammes thym, quinze grammes basilic, vingt grammes girofle, vingt grammes poivre blanc, dix grammes piment, quarente grammes laurier, vingt grammes muscade et dix grammes coriandre.

GARNITURES POUR VIANDE SAIGNANTE

Mouton et Bœuf. — Tous les légumes au beurre : haricots verts, petits pois, flageolets, cèpes, pommes, tomates farcies, céleris, fonds d'artichauts, laitues, etc., peuvent servir de garnitures.

Servir tous ces légumes à part, dans un légumier; à moins que l'on ne serve deux ou trois garnitures, il est alors indispensable de les dresser chacun en bouquet autour de la pièce.

Les diverses variétés de haricots et les flageolets à la bretonne accompagnent généralement le mouton rôti ou braisé.

Garnitures pour le Bœuf braisé. — Navets, carottes, choux braisés, macaronis, nouilles, jardinière, pommes purée et, en général, toutes les purées.

Garnitures pour le Veau Braisé. — Carottes à la Vichy, oseille, épinards, jardinière, oignons glacés, pommes purée, petits pois et toutes les pâtes.

Garnitures pour l'Agneau. — Mêmes garnitures que le mouton.

Garnitures pour le Porc. — Avec le porc rôti ou braisé, on sert, généralement, les purées de légumes, de pommes de terre et de marrons; les légumes braisés : navets, lentilles, haricots blancs, pommes de terre, etc.

Garnitures pour Volailles Poêlées. — Les volailles peuvent être garnies avec un ou plusieurs légumes au beurre : petits pois, haricots verts, tomates, cèpes, champignons, artichauts pommes, ou avec riz, nouilles, macaronis, etc.

Garnitures pour Volailles Grillées. — Les volailles grillées sont toujours accompagnées d'une sauce relevée : diable, piquante, bordelaise, Maître d'hôtel, etc. On sert aussi, très souvent, des pommes de terre à part.

Garnitures pour Poissons Bouillis ou Pochés. — Les garnitures les plus employées pour les poissons sont : les moules, les huîtres, les crevettes, les queues de langoustes, les écrevisses, les champignons, les quenelles, les truffes, les goujons frits et les croûtons.

Les poissons froids sont généralement garnis d'une salade russe.

Escargots Bourguignonne. — En principe, les escargots, de n'importe quelle façon qu'on les prépare, doivent avoir jeûné une dizaine de jours. On leur fait subir un trempage dans l'eau salée et vinaigrée pendant une heure afin de leur faire sortir la bave, on les lave ensuite soigneusement.

Les mettre à cuire dans de l'eau salée, pendant trois quarts d'heure, les égoutter, les sortir de leur coquille, leur enlever la partie noire qui termine leur corps et les finir de cuire dans du vin blanc et eau (moitié de chaque) pendant deux heures, avec : thym, laurier, fenouil et ail. Préparer, d'autre part, échalotte finement hachée, persil, cerfeuil et pointe d'ail ; mélanger le tout avec du beurre frais et assaisonner avec sel, poivre et jus de citron. Remettre les escargots dans leur coquille, les farcir avec cet appareil en remplissant la coquille, les ranger côte à côte sur des plats spéciaux, les faire gratiner à four chaud et servir de suite.

Escargots à la Niçoise. — Faire cuire les escargots à l'eau, sel, thym, laurier, pendant deux heures. Hacher de l'oignon bien fin, le faire revenir avec de petits morceaux de lard maigre, en très petits dés ; ajouter quelques tomates hachées, une gousse d'ail écrasée, persil, sel, poivre, anchois (écrasés) et lier ce ragoût avec de la mie de pain fraîche.

Laisser mijoter les escargots avec la sauce pendant 15 à 20 minutes. Au dernier moment, ajouter une persillade.

Escargots à l'Arlésienne. — Faire cuire les escargots comme il est indiqué ci-dessus. Hacher de l'oignon bien fin, que l'on fait revenir, ajouter de la tomate hachée, un verre de vin blanc, quelques câpres hachées, trois anchois, persil et ail hachés et laisser cuire vingt minutes. Egoutter les escargots et les jeter dans la sauce.

Laisser mijoter 10 minutes ; au dernier moment, lier avec de la chapelure fraîche.

Escargots à la Provençale. — Faire cuire les escargots selon la formule ci-dessus. Les retirer de leur coquille et supprimer la partie noire.

Faire revenir, dans de l'huile, un oignon finement haché, avec des tomates fraîches, persil et ail hachés, anchois, thym, laurier, fenouil et ajouter les escargots.

Mouiller avec un verre de vin blanc qu'on laisse réduire. Sortir ensuite les escargots de la sauce, les introduire chacun dans leur coquille, lier la sauce avec de la mie de pain fraîche râpée et deux jaunes d'œufs pour qu'elle soit plus consistante.

Farcir les escargots, les placer dans un plat spécial pour ce genre de cuisson, les saupoudrer de persil et ail hachés, les arroser de quelques gouttes d'huile et les faire gratiner.

CHAPITRE XI

ENTREMETS ET PATISSERIE

ENTREMETS SUCRÉS

COMPOTES, CRÈMES, BAVAROIS, BEIGNETS, CRÊPES,

PUDDINGS, etc

Compote d'Abricots. — Les abricots en compote se cuisent entiers ou en moitiés. Dans ce dernier cas, casser les noyaux, enlever les amandes, les cuire avec les abricots et servir.

Plonger les abricots dans l'eau bouillante, leur enlever la peau et les faire cuire ensuite pendant sept à huit minutes, à petit feu, dans un sirop, à raison de 500 grammes de sucre par litre d'eau.

Les servir froids dans un compotier.

Marmelade d'Abricots. — Plonger les abricots dans l'eau bouillante, leur enlever la peau et les noyaux et les faire cuire dans une bassine en cuivre avec un quart de litre d'eau,

300 grammes de sucre en poudre par kilogr. d'abricots. Remuer constamment le fond pendant la cuisson avec une spatule en bois et quand la marmelade commence à épaissir, la retirer et la dresser dans un compotier.

Croûte à l'Ananas. — Couper des brioches en tranches, un peu rassies, les saupoudrer de sucre et les glacer au four.

Les tartiner ensuite avec de la confiture d'abricots et les dresser sur un plat rond, en couronne, en intercalant une tranche d'ananas entre chaque croûte. Saucer ensuite avec le jus d'ananas mélangé avec de la marmelade d'abricots parfumée au kirsch.

Croûte de Cerises. — Préparer, comme pour l'ananas, des tranches de brioches que l'on fait glacer au four et, d'autre part, une compote de cerises bien mûres parfumée au kirsch.

Cerises Jubilé. — Faire cuire les cerises en compote, les égoutter ; les placer dans une casserole, les saupoudrer de sucre en poudre et les chauffer jusqu'à ce que le sucre soit fondu. Remplir de petites terrines spéciales avec les cerises bien chaudes, placer sur chacune un morceau de sucre et servir.

Au dernier moment, sur table, arroser les cerises de kirsch et les flamber.

Compote de Coings. — Eplucher les coings, les couper en quatre et les mettre à cuire avec de l'eau, parfum et sucre (250 à 300 grammes par litre). Quand les coings sont cuits, s'il y avait un peu trop de sirop, le faire réduire.

Marmelade de Coings. — Eplucher les coings, les couper en quartiers, les cuire avec eau et sucre (300 à 400 grammes par litre).

La cuisson terminée, passer le tout au tamis. Si la marmelade était trop claire, la faire réduire.

Compote de Fraises. — La fraise étant un fruit extrêmement délicat, pour en faire une compote, on opère de la façon suivante :

Faire un sirop de 20 à 25 degrés, tremper les fraises deux minutes, les retirer et y ajouter le sirop nécessaire.

Pêches en Compote. — Plonger les pêches une minute dans de l'eau en ébullition, afin de pouvoir leur enlever la peau. Les faire cuire à l'eau et au sucre (400 grammes par litre, si elles sont tendres ; 300 grammes, si elles sont dures).

Pêches Impératrice. — Préparer un riz Impératrice, comme suit :

300 grammes de riz Caroline, 100 grammes de sucre, 1/2 litre de crème vanillée et 3/4 de litre de crème chantilly montée.

Faire crever le riz caroline à l'eau pendant deux à trois minutes, l'égoutter, le remettre en casserole et ajouter 3/4 de litre de lait bouillant. Laisser cuire 35 à 40 minutes environ. Lorsqu'il est cuit, ajouter le sucre en poudre et laisser quelques minutes sur le feu. Mélanger ensuite la crème vanille et, lorsque le tout est complètement froid, ajouter la crème chantilly montée et des fruits confits assortis et marinés dans le kirsch. Mélanger le tout en incorporant sept à huit feuilles de gélatine mises à fondre dans une cuillère à bouche d'eau. Mouler dans un moule cannelé de préférence, en ayant soin de mettre un doigt de gelée de framboise au fond du moule et la laisser prendre avant d'y verser le riz. Mettre ensuite sur glace et démouler le riz pour servir.

Servir un sirop de framboises à part.

Pour les pêches, il n'est pas nécessaire d'ajouter de la gélatine, ni de la gelée de framboises. Dresser simplement le riz dans un légumier, les pêches cuites dessus et parfumer au marasquin ou au kirsch. Saucer les pêches avec de la gelée de groseilles, fondue avec un peu de jus de pêches.

Cette recette étant un peu compliquée, nous indiquons une autre recette plus simple.

Cuire le riz comme il est indiqué plus haut. Quand il est cuit, ajouter les fruits confits, trois ou quatre jaunes d'œufs et un peu de crème chantilly montée. Laisser refroidir, dresser dans un légumier, les pêches dessus et arroser avec leur jus réduit parfumé au kirsch. —

Beignets de Pêches. — Même procédé que pour les beignets de fruits.

Pêches Cardinal. — Faire cuire de belles pêches en compote, les mettre à rafraîchir sur glace avec marasquin ; les dresser dans une coupe en verre et les recouvrir avec une purée de pêches parfumée au marasquin.

Se sert également sur glace vanille et sauce groseilles ou framboises.

Chaud froid de Pêches à la Tsarine. — Nous ne mentionnons cet entremets inédit qu'à titre de curiosité, car il ne peut servir que pour un dîner de cérémonie : mariage, baptême, etc.

Préparer un riz impératrice, ainsi qu'il est indiqué plus haut et le mouler dans un moule à bordure ou moule à savarin à fond plat. Couler dans le fond l'épaisseur d'un doigt de gelée de framboises. (Voir au Chapitre des Gelées.) Lorsque la gelée est prise, remplir le moule avec le riz et mettre sur glace. Avoir de belles pêches, les faire cuire par moitié en compote un peu ferme, les égoutter et les essuyer avec un linge de façon qu'elles ne soient plus imprégnées de jus.

Préparer, d'autre part, 1/2 litre de crème vanille, à laquelle on incorpore quatre à cinq feuilles de gélatine fondue avec très peu d'eau. Placer les moitiés de pêches sur un tamis en fer. Lorsque la crème commence à prendre, en recouvrir les morceaux de pêches peu à peu, jusqu'à ce qu'ils soient entourés d'une bonne couche. Mettre sur chaque pêche une demi-cerise confite bien rouge.

Démouler le riz sur un compotier assez haut à fond plat et dresser les morceaux de pêches tout autour de la bordure, sur le fond de gelée.

Garnir le puits d'une glace vanille, d'une glace framboise dressées en rocher et mettre entre chaque pêche un losange d'angélique.

Il est facultatif de mettre deux glaces. En n'en mettant qu'une, il faut donner la préférence à la glace vanille.

Cet entremets est d'un grand effet sur une table.

Poires en Compote. — Peler des poires, les mettre dans de l'eau froide citronnée et les faire cuire ensuite à l'eau sucrée, à raison de 300 grammes de sucre par litre d'eau. Dès qu'elles sont cuites, les retirer. Si le sirop n'est pas assez réduit, le mettre en réduction jusqu'à ce qu'il devienne sirupeux. On peut, si l'on veut, remplacer l'eau par du vin rouge. On applique aux poires toutes les préparations des pêches.

Pommes en Compote. — Pour la compote de pommes, il faut utiliser des pommes dures. On les épluche et on les cuit, coupées en quartiers, dans de l'eau sucrée (300 grammes de sucre par litre) avec des zestes de citrons.

Pommes Bonne Femme. — Prendre de belles pommes reinettes, en sortir les pépins avec la pointe d'un couteau et les inciser dans le milieu, tout autour, sans trop les entailler.

Les ranger sur un plat à gratin, avec un peu d'eau, du beurre frais, sucre, un peu de vin blanc et les cuire au four. Le vin blanc est facultatif.

Marmelade de Pommes. — Cuire les pommes sans les peler, avec zeste de citron, 300 grammes de sucre par kilogr. de pulpe. Les passer au tamis et remettre à réduire jusqu'à consistance. Dresser sur compotier, avec autour des biscuits à la cuiller, taillés en croûtons.

Beignets de Pommes. — Eplucher de belles pommes reinettes, les épépiner, les couper en tranches et les faire mariner dans le rhum et le sucre.

Les imbiber de pâte à frire et les faire cuire à la friture assez chaude.

Facultativement, on peut servir, à part, une sauce abricots ou autre.

Compote de Prunes. — Faire un sirop avec 500 grammes de sucre par litre d'eau et laisser cuire 10 à 15 minutes.

Plonger les prunes pendant cinq minutes et les retirer.

Compote de Pruneaux. — Mettre les pruneaux à tremper, avant de les faire cuire, pendant deux heures à l'eau tiède. Les mouiller ensuite avec du vin rouge et moitié eau, zeste de citron et 250 grammes de sucre par kilo de pruneaux.

Croûtes aux Fruits. — Détailler en tranches peu épaisses des brioches rassies, les saupoudrer de sucre en poudre et leur faire prendre couleur à feu très chaud. Préparer, d'autre part, des fruits assortis en compote, avec un sirop parfumé au kirsch ou au madère, que l'on verse, au moment de servir, sur les tranches de brioches, dressées en couronne sur un plat.

Fruits Rafraîchis. — Couper les fruits en dés, surtout les fruits tendres, tels que : bananes, reinettes, pêches, raisins, mandarines, oranges, fraises, etc., et les mettre à rafraîchir sur glace avec sucre en poudre, kirsch ou marasquin, curaçao, etc.

Les dresser dans une coupe de cristal, et réserver quelques jolis fruits pour décorer la surface.

Entourer la coupe de glace pilée.

Coupe Jack. — Faire macérer des fruits assortis au kirsch, au marasquin, à la mandarinette, etc., en remplir, à moitié, une coupe en cristal et les recouvrir ensuite avec une glace quelconque, soit une glace citron, soit une glace à la crème vanille ou autre.

Servir avec de la glace pilée autour.

Crème Anglaise. — Proportions : 1 litre de lait, 200 grammes de sucre en poudre, huit jaunes d'œufs et vanille.

Mettre le lait à bouillir avec le parfum et le sucre. Mettre les jaunes dans une terrine, les fouetter un moment et y verser le lait bouillant peu à peu en fouettant constamment.

Remettre le tout sur le feu jusqu'à ce que le liquide commence à atteindre l'ébullition sans laisser bouillir. On peut, avant d'ajouter le lait aux jaunes, incorporer une cuillère à bouche de fécule par litre.

Cette crème s'emploie pour saucer les puddings, les œufs à la neige. On la sert aussi seule, accompagnée de biscuits.

Crème Frangipane. — Proportions : 150 grammes de beurre, 150 grammes d'amandes pilées, 150 grammes sucre en poudre, trois jaunes d'œufs et deux à trois cuillerées à bouche de crème pâtissière.

Faire fondre le beurre en pommade, mélanger les amandes pilées, le sucre, les jaunes d'œufs et la crème. Travailler le tout un moment dans une terrine, avec une cuillère en bois.

Cette crème sert uniquement à fourrer des gâteaux.

Crème Pâtissière. — Proportions : 350 grammes sucre en poudre, 100 grammes de farine, 10 jaunes d'œufs et un litre de lait.

Délayer la farine avec le sucre, le lait, le parfum, et amener à l'ébullition, toujours en fouettant; ajouter les jaunes d'œufs et passer la crème à un tamis fin.

Cette crème sert de base à tous les soufflés.

Autre Formule de Crème Pâtissière. — Proportions : 250 grammes sucre, un litre de lait, 60 grammes de farine et 10 jaunes. Même opération que ci-dessus.

Cette formule est employée spécialement pour fourrer les choux et les éclairs.

Crème Chantilly. — Fouetter de la crème double dans une bassine jusqu'à ce qu'elle ait la consistance des blancs d'œufs montés en neige et la sucrer avec du sucre en poudre vanillé.

Crème Caramel ou Renversée. — Proportions : un litre de lait et huit œufs entiers. Mettre le lait à bouillir avec du sucre. Battre les œufs dans une terrine et ajouter peu à peu le lait bouillant en fouettant. Préparer un moule à timbale coloré, au fond, avec un peu de caramel.

Pour obtenir ce dernier, faire prendre une couleur blonde à du sucre, avec un peu d'eau et le verser, sitôt prêt, au fond du moule. Laisser refroidir et verser la crème dedans. La faire partir au bain-marie et finir de la cuire à four moyen.

Eviter que la crème ne bouille dans le moule.

Pots de Crème. — Même formule que ci-dessus. Supprimer le caramel et faire cuire dans de petits pots spéciaux.

Crème Frite. — Faire fondre 120 grammes de beurre, 120 grammes de farine et mouiller avec un demi-litre de lait bouillant, parfumé et sucré avec 100 grammes de sucre. Le mettre au feu jusqu'à ce qu'il soit épaissi par l'ébullition. Le lier avec cinq jaunes d'œufs, laisser cuire deux à trois minutes et retirer la crème dans un plat beurré. Il faut qu'elle ait l'épaisseur d'un doigt.

Lorsque l'appareil est froid, le détailler en losanges, les passer à la farine, dans les œufs battus sucrés, puis dans la mie de pain et les faire frire dans le beurre clarifié.

On les sert sur serviette, avec persil frit et crème anglaise.

Œufs à la Neige. — Préparer une crème anglaise, comme il est dit plus haut et la refroidir. Fouetter des blancs très fermes, prendre une cuillère mouillée, enlever des morceaux de blancs de la forme d'un œuf et les cuire dans de l'eau bouillante vanillée et peu sucrée. Les égoutter sur un linge et, lorsqu'ils sont froids, les dresser, sur compotier, sur la crème.

On peut aussi cuire les blancs dans le lait et se servir ensuite de ce lait pour faire la crème.

Pâte à Frire pour Beignets. — Proportions : 300 grammes de farine, quatre jaunes d'œufs, une cuillère à bouche d'huile d'olive, pincée de sel, 60 grammes sucre, un demi-litre de lait froid, parfum et cinq blancs d'œufs fouettés fermes.

Mettre, dans une terrine, la farine, et, au milieu, les jaunes d'œufs, le sel, le sucre, l'huile et le parfum.

Prendre un fouet et préparer le mélange en ajoutant peu à peu le lait et les blancs fouettés.

Beignets Soufflés. — Proportions : 1/2 litre eau, 300 grammes de farine, 150 grammes de beurre et 10 œufs.

Mettre l'eau, le beurre, le sel et le parfum, à bouillir. Quand l'ébullition se produit, incorporer la farine et la laisser dessécher. Retirer la casserolle du feu et ajouter les œufs, deux par deux. La pâte terminée, former de petites boules de la grosseur d'une prune, à l'aide d'une cuillère, et les faire plonger dans la friture un peu chaude, en les amenant progressivement à une chaleur plus forte. Lorsqu'elles ont acquis complètement leur développement et qu'elles sont bien dorées, les retirer sur un linge, les saupoudrer de sucre et servir sur serviette. Sauce abricots ou groseilles à part.

Boules de Berlin. — Etendre, avec l'aide d'un rouleau, de la pâte à brioches de l'épaisseur de un à deux centimètres. La détailler avec une douille unie un peu plus large qu'une pièce de cent sous. Avec une cuillère à café, garnir le milieu avec de la gelée de groseilles, humecter les bords avec de l'eau, les recouvrir d'un autre rond et presser les bords pour les souder. Les ranger sur une plaque farinée et les placer dans un endroit chaud jusqu'à ce que leur volume ait doublé. Les faire frire ainsi qu'il est indiqué aux beignets soufflés; les rouler dans le sucre et les servir sur serviette.

Beignets de Carnaval ou Oreillettes. — Proportions : 500 grammes de farine, 150 grammes de sucre en poudre, cinq jaunes d'œufs, parfum, sel et eau.

Délayer la farine avec le sucre, les jaunes, l'eau de fleur d'oranger, une pincée de sel et l'eau nécessaire pour obtenir une pâte consistante.

Laisser reposer une heure; faire des abaisses, très minces au rouleau, les détailler en leur donnant une forme un peu longue. Les faire frire à l'huile très chaude et les saupoudrer de sucre en les retirant de la friture.

Beignets de Riz à la Ménagère. — Préparer du riz à la Condé, le laisser refroidir, en former de petites boules de la grosseur d'une noix, les rouler dans la farine et les tremper dans la pâte à frire. Les faire cuire à la friture, comme des beignets ordinaires.

Tartines de Pain Dorées. — Tailler dans un pain long, rassis, des tranches d'un centimètre d'épaisseur. Tremper chaque tranche dans du lait chaud sucré, parfumé à la vanille ou à la fleur d'oranger, les passer à l'œuf battu, puis à la farine, et les faire frire à la poêle au beurre clarifié, jusqu'à ce qu'elles soient bien dorées et bien croustillantes. Les retirer, les saupoudrer de sucre et les servir.

On peut les accompagner d'une crème anglaise.

Charlotte Russe. — Tapisser les parois et le fond d'un moule à charlotte de biscuits à la cuillère. Le fond doit former une rosace, le côté bombé des biscuits reposant sur le fond; tout autour des parois intérieures, placer les biscuits en coupant les bords des quatre côtés, de façon à avoir des carrés longs, les ranger côte à côte sans le moindre jour entre eux. Le remplir ensuite peu à peu avec un appareil à bavarois à la vanille et tenir sur la glace.

Bavarois à la Vanille. — Mettre dans une casserole : six jaunes, 150 grammes de sucre et mélanger le tout à la spatule. Délayer peu à peu, 1/2 litre de lait bouilli avec une gousse de vanille, ajouter six feuilles de gélatine bien lavées, mettre sur le feu et tourner jusqu'au moment où l'ébullition va se produire. Retirer et laisser refroidir. Lorsque c'est presque froid, ajouter 1/2 litre de crème double montée en la mélangeant vivement, remplir le moule et le mettre sur glace.

Pour le démouler, il suffit de le plonger une seconde dans de l'eau chaude.

Ce même procédé sert pour toutes les formules de bavarois : café, chocolat, praline, etc.

Charlotte de Pommes. — Couper des pommes reinettes en quatre, les épépiner et les mettre simplement à cuire avec un peu d'eau et zeste de citron. Quand elles sont cuites, les passer au tamis, les remettre sur le fond avec du sucre en poudre et les faire réduire jusqu'à ce qu'elles forment une marmelade épaisse. Détailler du pain de mie en bâtonnets minces de la forme d'un biscuit à la cuiller, suivant la hauteur du moule que l'on veut employer. Couper également des morceaux de pain minces, en forme de croûtons, que l'on forme en rosace au fond du moule beurré ; puis, tout autour, les bâtonnets, en les chevauchant les uns sur les autres. Garnir le moule de marmelade, couler, entre le moule et le pain, du beurre fondu et mettre au four à gratiner à même sur la plaque. Il ne faut pas un four très chaud. Quand le pain est coloré, la charlotte est prête, on n'a plus qu'à la renverser sur le plat pour la servir, accompagnée d'une saucière de sauce abricots.

ENTREMETS CHAUDS

Pudding au Riz. — Proportions : 250 grammes de riz, 200 grammes de sucre, 200 grammes beurre, 25 grammes fécule, 10 œufs séparés et un litre de lait.

Cuire le riz dans le lait, en procédant comme pour la semoule. Il est recommandé, lorsque l'on cuit le riz de ne mettre le sucre qu'au dernier moment, c'est-à-dire lorsque le riz est presque cuit.

AUTRE FORMULE. — Prendre 100 grammes de riz, le faire cuire, 7 à 8 minutes, à l'eau, l'égoutter et le finir de cuire avec un demi-litre de lait vanillé et 25 grammes de beurre. Quand il est presque cuit, ajouter 100 grammes de sucre en poudre et le laisser refroidir. Ensuite, ajouter six jaunes d'œufs, 20 grammes de fécule et six blancs fouettés très fermes. Mettre dans un moule beurré et saupoudrer de sucre; faire cuire au bain-marie et finir au four.

Servir à part : sauce abricots, crème anglaise ou sabayon.

Pudding de Semoule ou Portugais. — Proportions : 150 grammes de semoule, 150 grammes sucre, 100 grammes de beurre, sept œufs séparés, 3/4 de litre de lait et parfum citron.

Faire bouillir le lait, ajouter le beurre et le sucre, faire tomber la semoule en pluie dans le lait en ébullition et le laisser bien épaissir.

Le débarrasser dans une terrine et ajouter une cuillère à bouche de fécule. Séparer les jaunes des blancs, les incorporer dans la semoule et laisser refroidir. Monter les blancs en neige et les mélanger délicatement à la spatule avec la semoule.

Beurrer des moules à timbale, les saupoudrer de sucre cristallisé, mettre de l'appareil à peu près à la moitié du moule, le faire cuire au bain-marie, sur le feu, 15 à 20 minutes et le finir au four.

Le démouler au dernier moment. On l'accompagne généralement d'une crème anglaise, d'un Sabayon ou d'une sauce fruits.

Pudding au Tapioca. — Mêmes proportions et même procédé que le pudding semoule.

Pudding au Pain. — Proportions : une livre de mie de pain passée au tamis, 375 grammes beurre, 375 grammes de sucre et 15 œufs séparés. Humecter tant soit peu la mie de pain avec du lait froid. Travailler dans une terrine, avec une cuillère en bois, le beurre et le sucre, ajouter la mie de pain et les jaunes.

Monter les blancs en neige, les mélanger à l'appareil et garnir à moitié les moules à timbale préalablement beurrés et tamisés de sucre cristallisé. Faire cuire d'abord au bain-marie sur le feu et les finir au four. Parfums : vanille, citron, etc. Sauce Sabayon à part.

Sauce Sabayon. — Mettre dans une casserole cinq jaunes d'œufs, 80 grammes de sucre, 1/4 de litre de vin blanc ou

Madère, Porto, etc. Mélanger le sucre, le vin, les jaunes et mettre sur le feu en fouettant vivement sans discontinuer jusqu'à ce que l'appareil ait la consistance d'une écume épaisse.

Tapioca à l'Anglaise. — Prendre un litre de lait, le mettre à ébullition avec 150 grammes de sucre et vanille. Quand il commence à bouillir, y jeter 60 grammes de tapioca en pluie, en fouettant. Le faire cuire 7 à 8 minutes, le retirer, ajouter deux œufs entiers battus et les mélanger. Mettre le tapioca dans un plat à gratin, beurré, le faire gratiner au four, au bain-marie, en saupoudrant le dessus de sucre en poudre.

Semoule à l'Anglaise. — Même formule que pour le tapioca.

Pêches ou Abricots à la Condé. — Mettre 120 grammes de riz Caroline à cuire à l'eau, 7 à 8 minutes, et le finir de cuire avec vanille et lait bouillant.

Le riz doit être bien cuit et assez épais (20 à 30 minutes de cuisson). Lorsqu'il est cuit, ajouter 60 grammes de sucre en poudre, deux jaunes d'œufs, laisser cuire deux ou trois minutes et ajouter un demi-verre de kirsch.

Dresser dans un plat rond, placer, sur le riz en couronne, en alternant, une moitié de pêche, une moitié d'abricot cuits en compote et sur chacune d'elles une moitié de cerise confite.

Blanc-Manger. — Prendre 200 grammes d'amandes douces et quelques amères, les plonger dans l'eau bouillante pour pouvoir enlever la peau. Les piler dans un mortier en y ajoutant, peu à peu, un demi-litre de lait. Faire fondre dans un demi-litre d'eau, 300 grammes de sucre, ajouter un bâton de vanille, 12 feuilles de gélatine bien lavées et les amandes pilées et passer le liquide à travers un linge. Fouetter un demi-litre de crème double. Mettre le liquide sur glace et, lorsqu'il commence à prendre, incorporer vivement la crème fouettée.

Remplir le moule aussitôt et le mettre sur glace.

Pour démouler le moule, il suffit de le tremper dans de l'eau chaude.

Crêpes à la Vanille. — Proportions : 200 grammes de farine, quatre œufs entiers, deux jaunes, un demi-litre de lait froid, pincée de sel, 20 grammes de sucre, un petit verre de cognac, 40 grammes de beurre fondu, vanille.

Mettre dans une terrine la farine tamisée, le sel, le sucre, le parfum, les œufs entiers, les jaunes et le cognac. Mélanger à l'aide d'un fouet en ajoutant, peu à peu, le lait et terminer par le beurre fondu.

Chauffer une petite poêle, la beurrer et y verser une cuillère à bouche de l'appareil afin que le fond de la poêle soit recouvert d'une simple couche.

Lorsque la crêpe est colorée d'un côté, la retourner vivement en la faisant sauter.

Elles doivent être servies très chaudes, saupoudrées de sucre.

Toutes les formules de crêpes s'adaptent aux proportions ci-dessus.

Crêpes au Citron. — Même formule que ci-dessus, mais remplacer la vanille par un zeste de citron.

Crêpes Suzette. — Préparer un appareil à crêpes auquel on ajoute quelques macarons écrasés. D'autre part, râper une orange ou mandarine, en exprimer le jus que l'on mélange, ainsi que le zeste, dans du beurre frais. Tartiner les crêpes de cet appareil, en les étalant, et les servir ainsi.

Crêpes à la Confiture. — Préparer les crêpes, les tartiner avec de la confiture, les rouler, les dresser sur un plat, les saupoudrer de sucre et les brûler au fer rouge.

Crêpes Georgette. — Piler des macarons, les délayer avec du jus d'orange, un verre de curaçao, un verre de cognac et un morceau de beurre frais.

Préparer des crêpes, les tartiner de la purée ci-dessus, les rouler et les ranger sur un plat rond. Les saupoudrer de sucre, les arroser de fine champagne et les flamber.

Soufflé à la Vanille. — Proportions : 100 grammes farine, une cuillerée à bouche de fécule, huit jaunes, dix blancs, 200 grammes de sucre et vanille. Prendre un morceau de beurre, le mettre à fondre dans une casserole, y ajouter la farine et la fécule, puis un demi-litre de lait bouillant dans lequel on aura fait infuser un bâton de vanille et mis à fondre le sucre. Mettre sur le feu et travailler avec un fouet jusqu'à l'ébullition.

Le retirer et ajouter les huit jaunes. Monter les dix blancs très fermes et les incorporer à l'appareil. Dresser dans un légumier préalablement beurré et saupoudré de sucre. Mettre à cuire sur la plaque du fourneau trois à quatre minutes et finir au four. Temps de cuisson 12 à 15 minutes. En servant saupoudrer de sucre.

Ce soufflé sert de base à tous les autres : orange, citron, liqueurs, chocolat, etc.

Mont-Blanc. — Inciser des marrons et les faire éclater au four pour pouvoir leur enlever les deux peaux. Après les avoir triés, les mettre à cuire avec du lait, eau, sucre et vanille. La cuisson terminée, les égoutter, les passer au tamis en fer à grosses mailles dans un plat.

Prendre un moule à Savarin, l'emplir de purée sans trop la bousculer et la tasser légèrement en l'introduisant dans le moule.

Monter de la crème chantilly à la vanille et démouler en évitant de briser la purée. Dresser la chantilly dans le puits jusqu'à une certaine hauteur pour figurer une montagne et saupoudrer la chantilly de chocolat râpé.

Tartes aux Fruits. — Faire une pâte brisée, sucrée (voir au chapitre Pâtisserie.) Faire une abaisse et en recouvrir intérieurement un cercle à flan. Le cercle doit reposer sur la plaque où il doit cuire. Piquer le fond avec les dents d'une fourchette, pour éviter que la pâte ne souffle en cuisant, ranger les fruits ouverts en deux, les saupoudrer de sucre et les faire cuire à four chaud. Quand ils sont cuits, saucer les fruits avec une marmelade d'abricots, un peu liquide, parfumée au kirsch.

On opère identiquement pour tous les fruits en général. Les fruits à pépins sont taillés en tranches minces.

Flan à la Parisienne. — Foncer un cercle à flan, de pâte brisée sucrée (Voir au chapitre Pâtisserie) abaissée à un demi-centimètre. Pincer les bords au pince-pâte.

Emplir le flan avec une crème pâtisserie, avec les proportions suivantes :

Un litre de lait, 180 grammes de sucre, parfum, 40 grammes de farine, six jaunes d'œufs et deux œufs entiers ; saupoudrer la surface de sucre et faire cuire à feu modéré. Le flan doit reposer et cuire sur la plaque où il a été foncé. La cuisson terminée, le refroidir, le saupoudrer de sucre et le servir sur plat rond.

Glaces à la Crème. — Proportions : 1 litre de lait, 250 gr. de sucre, vanille et huit jaunes d'œufs.

Mettre le lait à bouillir avec le parfum ; travailler, dans une terrine, les œufs et le sucre en poudre en fouettant.

Mélanger le lait bouillant peu à peu, toujours en fouettant. Remettre la crème sur le feu et l'amener au moment où elle va entrer en ébullition, sans discontinuer de la fouetter. La passer à un tamis fin et mettre à refroidir.

Pour le sanglage, il n'est pas de ménage qui n'ait pas sa petite sorbetière américaine. Le procédé consiste à verser la crème dans la sorbetière, piler de la glace et la couler entre le tonneau et la sorbetière, en y ajoutant du sel gros, et tourner jusqu'à ce que la glace soit prise. Dans le cas où l'on n'aurait point de machine, il est un moyen à la portée de tous, mais seulement pour de petites quantités de glace : Prendre une casserole un peu haute, y mettre la crème, la placer dans une casserole moins haute et plus large, emplir le vide qui sépare les deux casseroles de glace mélangée avec du sel gros.

Laisser refroidir quelques minutes, commencer à donner des mouvements de rotation à la casserole qui contient la crème et, avec une spatule en bois, détacher la glace qui s'est figée contre les parois. Continuer ainsi jusqu'à ce que la glace ait pris la consistance voulue.

Pour le dressage, le moyen le plus pratique est de dresser, avec une cuiller à bouche en la trempant chaque fois dans de l'eau chaude. La glace doit toujours être servie sur serviette.

Toutes les glaces : moka, chocolat, pistache, comportent la même opération et les mêmes proportions.

Glace Citron. — Proportions : 1 litre d'eau, 450 grammes de sucre, le jus de cinq citrons, deux zestes de citrons râpés (ne râper que le jaune, la partie blanche étant amère), et deux à trois blancs d'œufs fouettés. Mettre le sucre à fondre à chaud ou à froid, ceci est facultatif et ajouter le jus des citrons et les zestes râpés. Lorsque le sucre est dissous, ajouter les blancs d'œufs fouettés.

Passer l'appareil à un tamis fin, puis sangler, ainsi qu'il est expliqué pour la glace vanille.

On traite par le même procédé : orange, mandarine, etc.

Glace Framboise. — Proportions : pour un litre d'eau, 1/4 de litre de purée de framboises, 450 grammes sucre, deux jus de citron et deux blancs fouettés. Même procédé que pour la glace citron.

En général, toutes les glaces aux fruits doivent être ramenées à 18 degrés au pèse-sirop au moyen de l'eau.

Les fraises, groseilles, abricots, pêches, melon, etc., se traitent de la même façon.

Il est essentiel d'opérer le mélange à froid pour toutes les glaces aux fruits.

Appareil à Bombe Vanillé. — Proportions : 1/4 de litre de sirop à 31 degrés, huit jaunes et un litre de crème double montée.

Mélanger le sirop chaud avec les jaunes et mettre à cuire dans un bain-marie, en fouettant, jusqu'à ce que les jaunes aient la consistance d'une crème épaisse. Retirer du feu, refroidir en continuant de fouetter et mélanger aux jaunes.

Remplir le moule, le coiffer de papier, puis, du couvercle ; l'enterrer dans de la glace pilée et du sel ; deux heures de sanglage. Avoir soin de mettre assez de papier de façon que l'eau salée ne puisse passer dans le moule.

Cette formule est utilisable pour n'importe quel parfum : curaçao, chartreuse, etc. Cette formule est également applicable aux mousses et parfaits.

Parfait au Moka. — Même formule que ci-dessus. Faire infuser du bon café dans le sirop.

Plombières. — La glace Plombières n'est autre qu'une glace vanille additionnée de crème chantilly et de fruits frais macérés avec une liqueur. On lui donne le nom du fruit dont elle est garnie. On met environ 1/4 de litre de chantilly par litre de glace vanille. Les fruits doivent être mis par couche en remplissant le moule. Le sanglage est identique à celui des bombes, mousses, etc.

Café Glacé à la Chantilly. — Mettre un litre de lait à bouillir avec 150 grammes de sucre et 50 grammes de café écrasé. Dès l'ébullition terminée, le laisser refroidir et le passer à la mousseline. Le sangler dans une sorbetière. De temps en temps, tourner la sorbetière et, avec une spatule, détacher les glaçons des parois intérieures. On le sert dans des verres. Il ne doit pas être trop pris.

Sorbets. — Les sorbets ne sont autres que des glaces aux fruits à l'eau, parfumée d'une liqueur : kirsch, marasquin, curaçao, etc. On les sert dans des verres à punch, la glace dressée en dôme.

PATISSERIE

Brioche Ordinaire. — Proportions : une livre de farine, 10 grammes levure, 10 grammes sel, 20 grammes sucre, cinq œufs, 200 grammes de beurre et un verre de lait tiède.

Prendre le quart de la farine dans lequel on incorpore les 10 grammes de beurre que l'on a délayé avec le lait tiède. En former une boule, la ciseler en croix et la mettre à lever à l'étuve ou dans l'eau tiède, jusqu'à ce qu'elle ait triplé de volume.

Faire former fontaine au restant de la farine ; au milieu, le sel, le sucre, quelques gouttes d'eau et cinq œufs entiers. Dissoudre d'abord le sel, le sucre et les œufs ; incorporer la farine peu à peu, puis le beurre qui doit être ramolli. Travailler vigoureusement la pâte avec les mains. Saupoudrer la pâte de farine, la mettre dans une terrine, la laisser reposer quatre heures et la travailler de nouveau pour la rompre en la pliant deux ou trois fois sur elle-même.

Si on ne doit pas l'utiliser de suite, la mettre sur glace pour éviter qu'elle ne lève.

Brioche de Paris. — Proportions : une livre de farine, 10 grammes de levure, 10 grammes de sel, 25 grammes de sucre et une livre de beurre.

Pétrir le tout aux œufs, sans eau.

Même procédé de manipulation que la brioche ordinaire.

Pâte à Savarin. — Proportions : 350 grammes farine, 25 grammes levure, six œufs, 25 grammes de sucre, une pincée de sel et 150 grammes beurre fondu.

Délayer la levure avec un peu de lait tiède et y incorporer le quart de la farine. Placer la terrine dans un endroit chaud jusqu'à ce que le levain ait doublé de volume. Dans une autre terrine, mélanger le restant de la farine, les œufs, le beurre fondu et le sucre ; ajouter le levain et pétrir la pâte. Beurrer les moules à savarin, saupoudrés de farine, les remplir à moitié et les placer dans un endroit à température élevée jusqu'à ce que la pâte ait levé jusqu'à la hauteur du moule. Les cuire à four chaud et les démouler aussitôt cuits.

Babas. — Proportions : 350 grammes farine, 25 grammes levure, six œufs, 25 grammes de sucre, une pincée de sel, 100 grammes de raisins de Corinthe, et 125 grammes de beurre fondu. La manipulation est la même que pour les savarins. On fait cuire les babas dans de petits moules.

Sirop pour Babas et Savarins. — Proportions : un litre d'eau, 450 grammes de sucre et zeste de citron. Faire bouillir cinq minutes. Retirer le sirop, ajouter du rhum en quantité suffisante et tremper les babas dans le sirop.

Pâte Brisée pour Pâtés. — Proportions : 500 grammes farine, 125 grammes beurre, 125 grammes saindoux, un œuf, sel et eau nécessaires.

Former fontaine avec la farine ; au milieu, le beurre, le sel avec l'eau et l'œuf ; puis, peu à peu, incorporer la farine, lc beurre et le saindoux. Opérer vivement. La pâte ne doit être ni trop dure ni trop molle.

Laisser reposer une heure environ.

Pâte Brisée Sucrée. — Proportions : 500 grammes de farine, 150 grammes sucre, deux œufs entiers, une pincée de sel et eau et 250 grammes beurre.

Même manipulation que pour la pâte à pâtés.

Pâte à Frire pour Beignets. — Proportions : 200 grammes farine, deux cuillères à bouche d'huile d'olive, une pincée de sel, 30 grammes de sucre en poudre, cinq grammes de levure, un quart de litre de lait, trois jaunes d'œufs, trois blancs fouettés et fleur d'oranger.

Mettre la farine dans une terrine, le sel, le sucre, le parfum, et ajouter peu à peu le lait, un peu tiède, dans lequel on aura fait dissoudre la levure en le fouettant. Placer la pâte dans un endroit un peu chaud pour la faire lever, puis incorporer les jaunes et les blancs fouettés.

Feuilletage. — Proportions : 500 grammes farine, 500 grammes beurre, 1/4 litre eau, sel.

Former fontaine dans le milieu de la farine, ajouter le sel, petit à petit un peu d'eau et délayer vivement la farine. La pâte obtenue, la laisser reposer trente minutes en lui donnant la forme d'une boule et la saupoudrer de farine. Pétrir le beurre, pour faire sortir l'eau. Étendre sur un marbre, saupoudré de farine, la pâte de deux centimètres environ d'épaisseur et aplatir le beurre de la même grosseur en lui donnant la forme d'un rectangle. Placer le beurre sur le milieu de la pâte et l'envelopper de toutes parts, en rabattant les côtés de la pâte de droite à gauche, de façon que celui de droite couvre complètement celui de gauche et ramener les deux autres vers le centre. Abaisser la pâte également en évitant que le beurre sorte. Plier la pâte comme il vient d'être expliqué, et la tenir au frais. Ceci est le premier tour ; on laisse reposer 20 minutes entre chaque tour, en faisant cette opération cinq fois.

Demi-Feuilletage. — Proportions : 500 grammes farine, 300 grammes beurre, eau et sel. Même opération que le feuilletage. On peut remplacer le beurre par de la margarine.

Puits d'Amour. — On emploie généralement les débris de feuilletage. Prendre des moules à tartelettes, faire une abaisse avec le feuilletage, de l'épaisseur d'un demi-centimètre, avec un emporte-pièce du diamètre des moules et enlever autant de ronds que de moules.

Foncer chaque moule avec le rond en pâte, le faire adhérer complètement avec les doigts et piquer chaque moule avec les dents d'une fourchette. Garnir chaque moule d'une cuillère de crème pâtissière, les mettre sur plaque et les faire cuire à four chaud.

Sortir les tartelettes des moules, les regarnir de crème pâtissière, les saupoudrer de sucre en poudre et les brûler au fer rouge.

Génoise. — Proportions : 500 grammes de sucre, 12 œufs entiers, 500 grammes de farine et 350 grammes beurre fondu.

Mélanger, dans une bassine en cuivre, les œufs, le sucre et le parfum ; placer la bassine sur un coin du feu à chaleur douce, fouetter constamment jusqu'à ce que l'appareil soit consistant et fasse le ruban, c'est-à-dire qu'en soulevant et promenant le fouet au-dessus de la bassine, le dessin formé par la pâte qui tombe, ne s'efface pas tout de suite. Retirer alors la bassine, ajouter la farine en l'incorporant en pluie et vivement, puis, le beurre fondu tiède. Verser la pâte dans une plaque à bords peu élevés (deux doigts à peu près) garnie au fond et autour de papier blanc beurré et faire cuire à feu doux. La génoise peut être servie, divisée en petits rectangles, arrosés d'une liqueur quelconque et saupoudrés de sucre.

Pont-Neuf. — Foncer des moules à tartelettes avec de la pâte feuilletée. Piquer le fond des moules avec la pointe d'une fourchette. Les garnir avec de la pâte à choux parfumée à la fleur d'oranger additionnée par moitié de frangipane. (Voir ce mot.) Placer en croix deux petites lamelles de pâte feuilletée d'un demi-centimètre de large sur les tartelettes. Les dorer, les cuire à four doux, les démouler et les saupoudrer de sucre à glace.

Mirlitons. — Foncer des moules à tartelettes avec du feuilletage. Préparer 100 grammes d'amandes pilées, avec eau, au mortier. Mettre ensuite dans une terrine, avec 185 grammes de sucre, quatre œufs et zeste de citron râpé. Battre au fouet, ajouter 50 grammes de beurre fondu et garnir les moules. Les saupoudrer de sucre et les faire cuire à four doux.

Merveilleuses. — Foncer des moules à tartelettes avec du feuilletage, garnir le fond avec de la crème d'amandes et quelques amandes effilées dessus. Faire cuire à four doux, abricoter et parsemer de pistaches hachées.

Conversations. — Foncer des moules à tartelettes avec du feuilletage, garnir les moules avec de la crème frangipane, mouiller les bords de la pâte et les couvrir d'un rond de pâte un peu plus mince que le fond. Tartiner le dessus d'une mince couche de glace royale, puis quadriller la surface de lanières de pâte feuilletée d'un demi-centimètre de large et cuire à four chaud.

Algérienne. — Faire une abaisse de feuilletage d'un demi-centimètre d'épaisseur. La détailler ensuite en ronds de C,08 de diamètre. Donner à chaque rond une forme ovale, avec le rouleau, en les amincissant; les ranger sur plaque, les dorer et les faire cuire à four chaud.

Allumettes glacées. — Prendre des rognures de feuilletage, les abaisser à un demi-centimètre d'épaisseur et le détailler en bandes de 0,12 de large. Les tartiner légèrement de glace royale, les couper en morceaux de 0,05 de large, les aligner sur plaque et les cuire à four assez chaud. Faute de glace royale, les saupoudrer de sucre cristallisé.

Chaussons aux Pommes. — Faire une abaisse de feuilletage à un demi-centimètre d'épaisseur. Détailler la pâte en ronds du diamètre que vous désirez, humecter les bords et garnir d'un côté de la marmelade de pommes. Rabattre le côté non garni sur l'autre, appuyer légèrement sur les bords pour bien les souder, dorer la surface et les faire cuire à four chaud. Pour dorer, on emploie un jaune d'œuf additionné d'eau. On peut employer aussi les abricots, les pêches, les prunes, etc.

Crème d'amandes. — Broyer un demi-litre d'amandes au mortier et 250 grammes de sucre, 350 grammes beurre et ajouter sept à huit œufs.
Travailler le tout au mortier.

Pâte à Choux. — Proportions : 1/2 litre eau, 250 grammes de beurre, 15 grammes sucre, 325 grammes de farine, pincée de sel, parfum et 12 œufs entiers.
Mettre l'eau à bouillir avec le beurre, le sel, le sucre et le parfum. A l'ébullition y jeter la farine et la délayer vivement, jusqu'à ce que la pâte se détache de la casserole. La retirer du feu, ajouter les œufs deux par deux, et ne mettre les suivants que lorsque les premiers sont complètement amalgamés.

Choux à la Crème. — Prendre une cuillère à bouche, si l'on n'a pas de poche ni de douille ronde; la remplir aux trois quarts de pâte à choux, la dresser sur plaque beurrée et farinée, en forme de boule un peu aplatie, du diamètre d'une pièce de cent sous. Dorer la surface et cuire à four chaud. Lorsqu'elles sont froides, pratiquer une incision sur un côté, les garnir de crème pâtissière et les saupoudrer de sucre. On les fourre également avec de la crème chantilly.

Eclairs au Chocolat ou Moka. — Beurrer une plaque, la fariner, tracer avec une poche et une douille unie des traits de 10 centimètres de long. Les dorer, les faire cuire à four chaud, les refroidir, les inciser et les fourrer d'une crème pâtissière parfumée soit au chocolat, soit au café.

Même pâte que la pâte à choux.

Pains de La Mecque. — Pâte à choux. Tracer avec la poche et la douille, sur une plaque beurrée et farinée, des traits de 12 à 14 centimètres de long ; les dorer, les saupoudrer d'amandes effilées et de sucre cristallisé.

Les faire cuire à four chaud.

Biscuits de Savoie. — Proportions : 125 grammes farine tamisée, 250 grammes sucre en poudre, 60 grammes fécule, sept jaunes, sept blancs fouettés très fermes et vanille.

Travailler avec une cuillère en bois, dans une terrine, les jaunes et le sucre, puis ajouter la farine, la fécule et travailler jusqu'à ce qu'elles soient bien mélangées. Monter les blancs très fermes et les mélanger à l'appareil peu à peu. Beurrer le moule, le saupoudrer de farine et le remplir. Cuire à four doux.

Plum-Cake. — Proportions : 300 grammes beurre, 300 grammes sucre, 200 grammes farine, 200 grammes fécule, neuf œufs entiers, 150 grammes écorce d'oranges et cédrats et 250 grammes raisins de Corinthe. Faire ramollir le beurre, le travailler dans une terrine avec le sucre et, toutes les trois minutes, ajouter deux œufs. Quand tous les œufs sont incorporés, ajouter la farine, les fruits confits, les raisins et un verre de rhum. Mettre dans les moules beurrés et faire cuire à four doux. Quelques praticiens ajoutent une pincée de carbonate.

Hugelhof d'Alsace. — Prendre un moule cannelé, le beurrer avec du beurre en pommade. Avec quelques amandes émondées, coupées par moitié, tapisser ensuite les côtés du moule. Faire fondre 250 grammes de beurre dans demi-litre de lait tiède et pétrir avec 500 grammes de farine tiède. Ajouter six œufs, 10 grammes de levure, 10 grammes de sel,

20 grammes de sucre et 150 grammes raisins de Smyrne macérés dans le kirsch. Bien dessécher la pâte et la faire lever dans un endroit tiède.

Remplir le moule et faire cuire à four chaud trois quarts d'heure. Lorsque le gâteau sort du four, éviter de le démouler de suite.

Cette formule donne un gros Hugelhof ou deux moyens.

Galette Turque. — 100 grammes d'amandes pilées à l'eau, 250 grammes farine, 150 grammes sucre et 250 grammes beurre. Travailler le tout ensemble. En faire une abaisse d'un demi-centimètre, la détailler à l'emporte-pièce rond de la largeur d'une bonne galette et la cuire à four doux. Fourrer une galette à la framboise et en mettre une autre dessus. Saupoudrer de sucre à glace.

Miroirs. — Piler, à sec, 250 grammes d'amandes avec 300 grammes de sucre en morceaux et passer cet appareil dans un tamis fin. Monter six blancs d'œufs et les mélanger. Tracer sur une plaque beurrée et farinée, avec la poche et une douille unie, moyenne, un cadre de forme ovale. Saupoudrer ces cordons d'amandes hachées finement pour former un granit.

Faire une crème avec 100 grammes d'amandes pilées, trois œufs, 100 grammes de sucre, 100 grammes de beurre et demi-verre de rhum.

Garnir l'intérieur des miroirs avec cette pâte et faire cuire à four doux. 15 minutes de cuisson.

Ces petits gâteaux sont délicieux.

Madeleines. — Proportions : 250 grammes sucre en poudre, 200 grammes farine, 25 grammes fécule, six jaunes, un œuf entier, trois blancs en neige, 200 grammes beurre fondu et parfum au choix : citron, vanille, etc.

Mélanger le sucre, le parfum, les jaunes et l'œuf entier, dans une bassine. Les faire cuire comme il est indiqué à la Génoise. Ajouter la farine, la fécule et le beurre ; en dernier lieu, les blancs en neige. Beurrer et fariner les moules, les remplir et cuire à four doux.

Milanais. — Proportions : 250 grammes farine, cinq jaunes, 125 grammes beurre, 125 grammes sucre en poudre et parfum.

Former fontaine avec la farine ; au milieu, le beurre, les jaunes, le sucre et le parfum. Travailler le tout en incorporant, peu à peu, la farine et laisser reposer la pâte 30 minutes. Etendre la pâte au rouleau, de l'épaisseur d'un demi-centimètre et la détailler à l'emporte-pièce cannelé. Aligner les milanais sur une plaque beurrée, les quadriller avec les dents d'une fourchette, les enfariner, les dorer et les faire cuire à four chaud.

Macarons ou Massepains. — Proportions : 250 grammes amandes émondées, 500 grammes sucre en poudre et huit blancs d'œufs. Piler les amandes avec les blancs d'œufs, ajouter le sucre et faire le mélange. Prendre une poche et une douille unie et former des macarons sur papier, les humecter d'eau et les faire cuire à four doux.

On peut préparer cet appareil un jour à l'avance.

Macarons Amers. — Même procédé que ci-dessus, mais faire entrer dans la préparation un quart d'amandes amères. Même cuisson, même dressage.

Copeaux. — Proportions : 250 grammes farine, 280 grammes sucre en poudre, 130 grammes amandes hachées, blancs d'œufs et vanille.

Piler les amandes, puis le sucre, ajouter la farine et le parfum et délayer aux blancs d'œufs pour avoir une pâte liquide.

Huiler légèrement ou beurrer au beurre clarifié une plaque à pâtisserie, former les copeaux dans la forme d'une langue de 0,10 de long et les cuire à four chaud.

Retirer la plaque au bord du four et rouler en rubans autour d'un petit bâton.

Les copeaux se conservent longtemps au sec.

Langue de Chat. — Délayer, dans une terrine, 500 grammes de sucre en poudre, 500 grammes farine, avec un demi-litre de crème double.

Monter dix blancs et mélanger avec la pâte. Les tracer sur une plaque beurrée et fariner des traits de 0,07 de long. Cuire à four chaud.

Biscuits à la Cuillère. — Proportions : 125 grammes de sucre, cinq jaunes, 100 grammes de farine, cinq blancs, parfum. Travailler les jaunes, le sucre en poudre et la farine, dans une terrine, jusqu'à ce que le mélange soit bien amalgamé. Monter les blancs très fermes et les mélanger peu à peu. Prendre une poche et une douille ronde unie, former les biscuits sur du papier, sur plaque. Cuire à four doux.

Petits Pains. — Proportions : 250 grammes sucre en poudre, 250 grammes de farine, 125 grammes amandes émondées, 100 grammes beurre, deux œufs entiers et parfum.

Piler les amandes finement, ajouter le sucre, le beurre,

les œufs, la farine, le parfum, et mélanger le tout avec le pilon. Retirer la pâte, la saupoudrer de farine et la laisser reposer 20 minutes.

Former des petits pains en leur donnant la forme d'une navette fendue au milieu. Les dresser sur une plaque beurrée, les faire cuire à four moyen. Les tenir en lieu sec.

Crème au Beurre. — Proportions : 1/4 de litre de sirop à 30 degrés, huit jaunes d'œufs, 375 grammes de beurre. Délayer les jaunes avec le sirop, les passer au chinois et les faire cuire au bain-marie.

Lorsque le sirop est consistant, le retirer, le fouetter jusqu'à ce qu'il soit froid et incorporer le beurre ramolii.

Glace Royale. — Proportions : 250 grammes sucre à glace dans une terrine avec un blanc d'œuf et 4 à 5 gouttes de jus de citron et les délayer jusqu'à ce qu'ils soient homogènes.

Gelée aux Fruits. — Les gelées aux fruits ont le même principe de clarification que la viande. La base de gélatine est de 30 grammes par litre de gelée. On ajoute le parfum ou la liqueur en dernier lieu.

Gelée à l'Orange. — Proportions : 1/2 litre d'eau, 1/2 litre vin blanc, 250 grammes sucre, 30 grammes gélatine, trois blancs d'œufs, quatre oranges, un jus de citron et un petit verre de curaçao. Faire fondre le sucre avec le vin blanc et l'eau, râper deux oranges et mettre le jus des quatre. Retirer deux tiers du liquide et le mettre à bouillir. Fouetter les trois blancs d'œufs pour les rendre liquides, le jus de citron et le liquide restant. Verser la petite quantité de liquide dans la plus grande en y ajoutant la gélatine préalablement lavée à l'eau.

Fouetter constamment jusqu'à l'ébullition. Au premier bouillonnement, retirer la gelée sur le côté du feu et la laisser bouillir deux ou trois minutes. La passer ensuite à un linge très fin, la repasser jusqu'à ce qu'elle soit claire, la colorer avec quelques gouttes de carmin végétal et ajouter le verre de curaçao. Cette gelée sert de base à toutes les gelées de fruits.

Gâteau Tyrolien. — Proportions : 500 grammes de farine, 500 grammes beurre, huit jaunes d'œufs durs passés au tamis, huit jaunes crus, sel et un peu de sucre. Travailler le tout. Faire une abaisse, étendre dessus une couche de marmelade d'abricots, la recouvrir d'une autre abaisse, en humectant les bords pour bien les amalgamer, puis, avec les doigts, pincer les bords pour mieux les souder, et faire cuire au four. Servir chaud. On peut également le servir froid.

CHAPITRE XII

CONFITURES, GELÉES ET CONSERVES DIVERSES

CONFITURES

Pour les confitures, on doit employer le sucre en morceaux. On le fait cuire à raison d'un demi-litre d'eau par
kilo. Le sucre doit être mis à cuire à feu vif. Le degré de
cuisson, pour les confitures, est le boulet. Pour constater ce
degré de cuisson, il suffit de tremper le doigt dans l'eau
froide et dans le sucre, ensuite le retremper vivement dans
l'eau froide; on sent alors la glu s'épaissir et, en frottant
vivement le pouce avec l'index, on forme une petite boule.
C'est le boulet, le degré de cuisson pour les confitures.

Confiture d'Oranges. — Prendre de belles oranges, leur
enlever le zeste et la peau. Séparer chaque tranche, les tremper cinq minutes dans l'eau bouillante, les égoutter et sortir
les pépins à l'aide d'un morceau de bois pointu. Peser la
quantité d'oranges; il faut un kilo de sucre mis à cuire avec
un peu d'eau, par kilo d'oranges. Ajouter les tranches
d'oranges avec le zeste pour parfumer. Laisser cuire doucement environ une heure; retirer du feu et laisser ainsi jusqu'au lendemain. Remettre sur le feu, faire cuire environ 30
à 40 minutes et mettre en pots.

Confiture de Pastèque. — Lever la peau et les graines à
une belle pastèque, la couper en morceaux assez minces,
mettre un kilo de fruit pour 500 grammes de sucre. Laisser
macérer douze heures, dans une bassine, le fruit et le sucre,
afin que la pastèque rende son eau. Ensuite, mettre la bassine sur le feu, avec quelques zestes de citrons, et faire cuire
environ deux heures. Débarrasser dans des pots, après
s'être assuré qu'elle est bien cuite.

Confiture d'Oranges et de Pastèque. — Opérer séparément
pour chaque fruit et de la même manière qu'il est indiqué
plus haut. Puis, lorsque les confitures sont à cinq ou six

minutes du terme de leur cuisson, les réunir dans une même bassine, en mélangeant bien délicatement avec une spatule en bois.

Remettre sur le feu et laisser cuire cinq à six minutes.

Remplir les pots en ayant soin de bien intercaler les morceaux de fruits et le jus.

Ne mettre en pots que le lendemain.

Confiture de Coings. — Peler les coings, les couper en quartiers, les épépiner et les sucrer à raison de 650 grammes de sucre en morceaux par kilo de fruits. Les mettre à cuire, de préférence, dans une bassine en cuivre, non étamée, avec un peu d'eau. Faire cuire lentement, remuer de temps en temps avec une cuillère en bois. La confiture est cuite, lorsqu'en prenant une petite quantité entre les doigts, on éprouve une certaine résistance à les détacher ; ou lorsqu'en plongeant une fourchette dans celle-ci, il se forme des perles au bout des dents de la fourchette.

Confiture d'Abricots. — Même opération que pour les coings.

Confiture de Fraises. — Prendre deux kilos de fraises, les passer au tamis et les faire cuire au boulet avec 1 k. 500 de sucre en morceaux. Ajouter la purée et la faire cuire doucement jusqu'à ce qu'elle fasse la glu, c'est-à-dire qu'elle colle aux doigts en faisant le fil.

Confiture de Cerises. — Dénoyauter deux kilos de cerises tendres. Faire cuire 1 k. 500 de sucre en morceaux et demi-litre d'eau, au boulet ; y ajouter alors les cerises et faire cuire lentement jusqu'à ce que la cuisson fasse la glu.

Confiture de Poires. — Même opération que pour les coings.

Confiture de Pêches. — Choisir de préférence des pêches molles, bien mûres, les peler, leur enlever les noyaux, les couper en morceaux et les sucrer à raison de 700 grammes de sucre au kilo de pêches. La cuisson est terminée lorsqu'elle fait la glu.

Confitures de Prunes. — Enlever les noyaux de prunes, peser celles-ci et les sucrer à raison de 700 grammes de sucre en morceaux par kilo. Les faire cuire comme les coings.

Confiture de Tomates. — Couper les tomates en deux (elles doivent être bien mûres), les exprimer, leur enlever les graines et les passer au tamis. Faire cuire la pulpe avec 700 grammes de sucre par kilo. Faire cuire comme les coings et parfumer à la vanille.

Sirop d'Orgeat. — Dépouiller de leur peau 500 grammes d'amandes douces et 150 grammes d'amandes amères. Les piler au mortier avec un demi-verre d'eau, en ajoutant peu à peu encore un demi-litre d'eau. Mettre le tout dans une casserole, au bain-marie, et y ajouter encore un litre d'eau, trois kilos de sucre et un demi-verre d'eau de fleur d'oranger. Laisser au bain-marie jusqu'à ce que le sucre soit fondu.

Passer à travers un linge, laisser refroidir dans une bassine couverte et mettre en bouteilles. Tenir au frais, car ce sirop fermente facilement.

Sirop de Groseilles. — Ecraser des groseilles, les passer avec un linge et bien presser pour en exprimer tout le jus. Le verser dans un récipient en terre et laisser fermenter 24 heures.

Le lendemain, mettre le jus dans une bassine avec un kilo et demi de sucre pour un litre de jus. Faire bouillir, écumer soigneusement et, quand le sirop marque 32 degrés au pèse-sirops, retirer et laisser refroidir.

Le mettre ensuite en bouteilles, au frais.

GELÉES

En principe, pour bien réussir les gelées et pour les personnes inexpérimentées, il faut employer le pèse-sirops.

Pour les gelées, la proportion de sucre est de 600 grammes par kilo de jus de fruits.

Généralement, les ménagères emploient le poids du sucre égal au jus de fruits. On obtient certainement une plus grande quantité de gelée, mais elle est moins parfumée. On doit faire cuire les gelées vivement et les mettre en pots lorsqu'elles sont encore chaudes. Quand la gelée est prise, on la couvre avec un rond de papier imbibé d'alcool, puis on la coiffe d'un papier plus fort maintenu au bord par une ficelle.

Les gelées doivent être placées dans un endroit frais et aéré.

Gelée de Coings. — Couper en quatre les coings et les mettre à cuire dans une bassine en cuivre, non étamée, avec de l'eau. Mettre environ deux litres d'eau par kilo de coings.

La cuisson terminée, les égoutter et passer le liquide à travers un linge. Peser le liquide et le sucrer à raison de 600 grammes de sucre en morceàux par kilo.

Remettre la bassine au feu et faire cuire la gelée jusqu'à ce qu'elle accuse de 25 à 30 degrés au pèse-sirops.

Mettre la gelée en pots quand elle est encore un peu chaude. Dès qu'elle est froide, la couvrir d'un rond de papier imbibé d'alcool et entourer le pot d'un fort papier maintenu par une ficelle.

Pour les ménagères qui ne font pas usage du pèse-sirop, voici un autre procédé pour connaître le degré de cuisson :

On reconnaît ce degré en trempant une écumoire dans la gelée, en l'élevant hors de la bassine pour la refroidir légèrement et en l'inclinant ensuite. Le sirop forme une légère nappe et il tombe lentement des gouttes.

On peut aussi en mettre une petite quantité dans une assiette froide ; en l'inclinant il se forme une perle.

Pour l'emploi du pèse-sirop, il suffit de le plonger dans la gelée. Le niveau du liquide indique exactement le degré en sucre.

Gelée de Pommes. — Les proportions sont identiques à celles de la gelée de coings. Employer des pommes reinettes et des calville.

Gelée de Framboises. — Nettoyer et écraser deux kilos de framboises et les mettre à bouillir, pendant 15 minutes, avec un litre et demi d'eau. Passer le tout à une serviette tendue.

Peser le jus, le sucrer à raison de 600 grammes de sucre en morceaux par kilo et le faire cuire jusqu'à ce qu'il donne 30 degrés au pèse-sirops.

Gelée de Groseilles. — Nettoyer et écraser les groseilles, peser le jus, sucrer à raison de un kilo de sucre par kilo de jus, mettre sur le feu et tourner constamment. Laisser bouillir cinq minutes seulement.

Chauffer les pots et les remplir.

Gelée de Grenades. — Peser deux kilos de graines, deux litres d'eau et faire cuire 15 minutes. Passer le liquide, le sucrer à raison de 600 grammes de sucre en morceaux au kilo. Le faire cuire jusqu'à ce qu'il pèse 30 degrés au pèse-sirops.

Gelée d'Oranges. — Couper en morceaux deux kilos de pommes reinettes et un kilo de pommes calville. Les faire cuire avec quatre litres d'eau sans les peler ni les épépiner.

Filtrer le jus, y ajouter le jus de six oranges et le zeste de quatre. Cuire 1 k. 200 de sucre en morceaux au boulet, ajouter le jus des pommes et des oranges et les zestes ; mettre le liquide en ébullition et le retirer aussitôt. Enlever les zestes et mettre en pots.

Gelée de Citrons. — Même opération que pour la gelée d'oranges.

Gelée de Mûres. — Prendre trois kilos de mûres, un litre et demi d'eau et faire bouillir 10 minutes. Filtrer et sucrer à raison de 600 grammes de sucre par kilo. Faire cuire ce jus jusqu'à ce qu'il accuse 30 degrés au pèse-sirops.

Pâte de Coings. — Peler les coings, bien mûrs, les couper en quartiers et les faire blanchir dans de l'eau. Lorsqu'ils sont cuits, les passer au tamis en crin. Pour chaque kilo de purée, un kilo de sucre en poudre.

Mettre le tout dans un récipient, sur le feu, et tourner avec la spatule sans discontinuer. Faire cuire une demi-heure. Lorsque la pâte est cuite, elle se détache de la spatule ; la verser alors dans des moules et laisser refroidir.

Pâte de Pommes. — Même procédé que pour la pâte de coings.

Pâte d'Abricots. — Couper les abricots par moitié, les faire cuire, couverts, avec très peu d'eau et les passer au tamis. Peser la pâte et mettre autant de sucre ; la faire réduire sur le feu, en la laissant un peu plus épaissir que les précédentes.

Pâte de Marrons. — Enlever les deux peaux aux marrons. Les mettre à cuire dans une casserole avec de l'eau (environ deux verres d'eau par kilo de marrons) et une gousse de vanille, à petit feu et couverts.

Lorsque les marrons s'écrasent, les passer au tamis en crin. Il faut, pour un kilo de purée, un kilo de sucre.

Mettre le sucre dans une bassine, avec deux verres d'eau, et laisser cuire dix minutes environ.

Ce sirop est prêt lorsque, en le tenant entre les deux doigts, il se forme un fil d'une certaine résistance.

Prendre la purée et y verser, petit à petit, le sirop et travailler à mesure avec une cuillère en bois. Remettre sur le feu et laisser cuire 20 minutes sans cesser de travailler. La verser ensuite dans des moules et faire sécher à l'air. On peut la diviser en petits morceaux.

Abricots Confits. — Prendre de beaux abricots, pas très mûrs, les fendre un peu du côté de la pointe, les mettre à mesure dans une bassine d'eau et laisser cuire doucement jusqu'à l'ébullition. Les retirer alors avec une écumoire et les plonger dans l'eau fraîche. Retirer le noyau avec une aiguille à brider en le poussant par le côté opposé à l'incision déjà faite.

Déposer les abricots, bien égouttés, dans une terrine et verser dessus une quantité suffisante de sirop à 30 degrés. Le lendemain, les mettre dans une bassine avec le sirop, et dès que l'ébullition commence, reverser le tout, doucement, dans la terrine. Faire cette opération sept fois à un jour d'intervalle. La dernière fois, sortir les fruits avec une écumoire et les mettre dans une autre terrine. Verser le sirop dans une autre bassine et l'amener à 38 degrés. A ce point, glisser les abricots dedans, faire donner un bouillon et retirer. Les mettre, à moitié refroidis, dans des bocaux.

Ecorces d'Oranges confites. — Enlever les écorces en quatre morceaux, les mettre dans une bassine avec de l'eau froide. Les faire cuire doucement et, lorsqu'elles cèdent à la pression du doigt, les rafraîchir à grande eau, les égoutter et les ranger dans une terrine. Verser dessus un sirop de 25 degrés et laisser ainsi jusqu'au lendemain. Vider alors le sirop dans la bassine et le ramener à 25 degrés, soit par la réduction, si la quantité reste suffisante, soit en ajoutant du sucre. Verser ensuite sur les écorces.

Faire cette opération tous les deux jours en augmentant chaque fois le sirop de deux degrés. A la huitième fois, qui est la dernière, mettre le sirop à 35 degrés et les écorces seront prêtes.

Débarrasser alors dans des bocaux.

Cuisson du Sucre. — Pour les ménagères qui n'ont pas de pèse-sirops, nous donnons ci-dessous un tableau indicateur pour les degrés obtenus par la cuisson du sucre :

1° 500 grammes de sucre donnent un sirop de 20 degrés.
2° 750   »   »   »   »   30 degrés.

35 degrés équivalent à la cuisson du sucre filé.
39   »   »   »   »   »   au petit boulet.
40   »   .   »   »   »   »   au grand boulet.

Fruits à l'Eau-de-Vie. — Faire blanchir de beaux abricots, pas trop mûrs ; à l'ébullition, les sortir et les plonger dans une terrine d'eau froide.

Mettre dans une bassine un kilo de sucre avec un litre un quart d'eau, faire fondre, puis bouillir jusqu'à 38 degrés. Jeter les abricots dedans, faire bouillir 4 à 6 minutes, et retirer de côté. Egoutter les abricots sur un tamis, ajouter au sirop un litre d'eau-de-vie et verser sur les fruits que l'on aura mis, au préalable dans des bocaux. Boucher une fois refroidi.

Cerises à l'Eau-de-Vie. — Prendre de belles cerises, les mettre dans un bocal, immergées par de l'eau-de-vie. Laisser macérer pendant cinquante jours. Après ce temps, faire fondre 250 grammes de sucre dans un verre d'eau et verser dans le bocal.

LIGUEURS DE MENAGE

Liqueur de Chocolat. — Faire fondre 125 grammes de chocolat de bonne qualité dans deux verres d'eau. Laisser refroidir et mettre à macérer dans un litre d'eau-de-vie, pendant 50 jours. Faire fondre un kilo de sucre dans deux verres d'eau, mélanger le tout et filtrer. Ajouter un flacon de cacao et mettre en bouteille.

Eau de Noix. — Faire macérer dans un litre d'eau-de-vie 33 noix, un kilo de sucre, environ 50 jours. Filtrer et mettre en bouteilles.

Liqueur de Café. — Mettre un hecto de café que l'on vient de brûler, dans un litre d'eau-de-vie et laisser macérer assez longtemps. Faire fondre 250 grammes de sucre dans un verre d'eau et l'ajouter à l'eau-de-vie. Mélanger le tout et filtrer. Mettre en bouteilles.

Eau de Sauge. — Faire infuser, dans un litre d'alcool à 80 degrés, si possible, une bonne poignée de feuilles de sauge. Filtrer 50 jours après et mélanger avec un sirop à 32 degrés (autant de sirop que d'alcool).

Liqueur de Verveine. — Même procédé que pour la sauge.

Eau de Coings. — Râper cinq à six coings, bien essuyés, et les presser pour obtenir le plus de jus possible. Si on a un litre de jus, ajouter un demi-litre d'alcool et un demi-kilo de sucre. Laisser macérer et filtrer un bon mois après.

VINS DE LIQUEURS DE MÉNAGE

Vin Marquis. — Faire macérer, dans quatre litres de bon vin blanc, quatre oranges coupées, un citron, un bâton de

Société du Gaz et de l'Électricité

DE MARSEILLE

Société Anonyme - Capital 31.500.000 francs

SIÈGE SOCIAL :
20, Rue de l'Arcade, 20
PARIS

BUREAUX :
45, Boulevard du Muy, 45
MARSEILLE

USINE A GAZ : RUE DE LYON, 1

USINES ÉLECTRIQUES :

AVENUE D'ARENC
(Station Centrale)

30, RUE SYLVABELLE
(Sous-Station Principale)

Magasins d'Expositions

et d'Expériences d'Appareils de Cuisine

1, PLACE DE LA PRÉFECTURE

Pour tous Renseignements et Abonnements GAZ et ÉLECTRICITÉ

S'adresser : **45, Boulevard du Muy**

TÉLÉPHONE : 69.31 ET 69.33

GAZ ÉCLAIRAGE, CHAUFFAGE — CUISINE —

ÉLECTRICITÉ ÉCLAIRAGE, CHAUFFAGE — FORCE MOTRICE —

AVIS IMPORTANT. — *Un agent spécial est envoyé immédiatement chez toute personne qui en fait la demande par lettre ou par téléphone.*

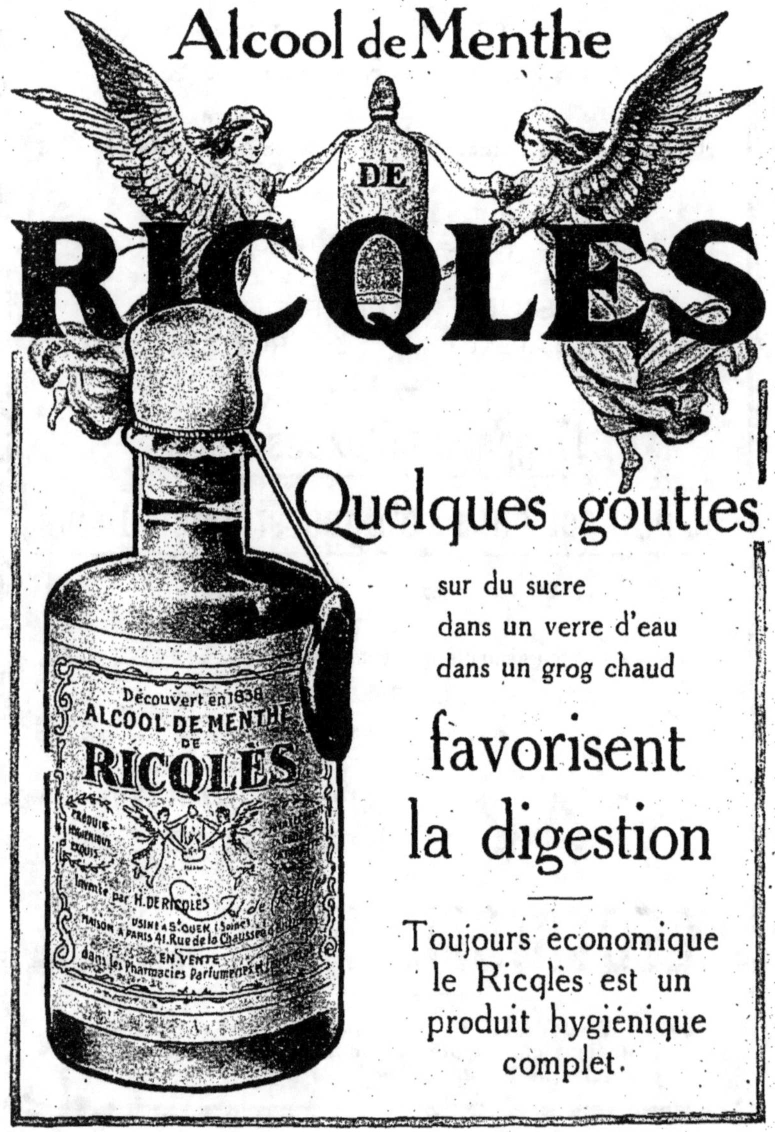

Alcool de Menthe
DE
RICQLÈS

Quelques gouttes
sur du sucre
dans un verre d'eau
dans un grog chaud

favorisent
la digestion

Toujours économique
le Ricqlès est un
produit hygiénique
complet.

Découvert en 1838
ALCOOL DE MENTHE
DE
RICQLÈS

vanille, un kilo de sucre et un litre d'eau-de-vie. Laisser le tout au moins deux mois. Filtrer et mettre en bouteilles. Ce vin gagne beaucoup en vieillisant en bouteilles.

Vin Mousseux. — Se prépare en mettant en bouteilles du vin blanc, rosé ou rouge, contenant une petite proportion de sucre. Visitez les caves du **Royal Provence**, à Rognac, où la préparation y est faite suivant la méthode champenoise. Le Royal Provence se boit très frais.

Vin Blanc doux. — Prendre du jus de raisin blanc, le passer à un filtre, mettre un verre à Bordeaux d'eau-de-vie par litre de jus, transvaser pendant cinq jours pour lui éviter de bouillir. Filtrer et mettre en bouteilles bien bouchées.

Vin Cuit. — Prendre dix litres de moût de raisins bien mûrs, les mettre dans un chaudron sur le feu et les faire réduire à environ six à sept litres. Débarrasser dans une terrine pour laisser refroidir. On peut, si l'on veut, ajouter, par chaque litre de moût, un décilitre d'eau-de-vie. Le mettre alors que le moût est bien refroidi et au moment de mettre en bouteilles. Un mois après, le transvaser dans des bouteilles et mettre à la cave.

CONSERVES MÉNAGÈRES

Observations. — La stérilisation des récipients a toujours lieu à froid, ce qui revient à dire que les boîtes, flacons ou bouteilles, sont toujours mis à l'eau froide pour leur faire prendre l'ébullition. L'eau doit bouillir constamment et vivement. Il est recommandé d'envelopper les bouteilles ou flacons d'un paillon et de les faire reposer sur une planchette ou un lit de paille.

Il est recommandé également, si l'on doit ajouter de l'eau pendant la stérilisation, que ce soit toujours de l'eau bouillante. Laisser refroidir les flacons et les bouteilles dans l'eau.

Artichauts en Quartiers. — Tailler les artichauts en quartiers, leur enlever les mauvaises feuilles, le foin, les citronner et les mettre à tremper dans de l'eau acidulée (vinaigre ou citron). Les faire cuire dans de l'eau citronnée en les plongeant lorsqu'elle est bouillante et les tenir un peu fermes. Les égoutter, les mettre en boîtes avec de l'eau salée, citronnée. Souder. 12 minutes d'ébullition.

Refroidir les boîtes à eau courante.

Fonds d'Artichauts. — Faire les fonds, les citronner et les mettre à tremper dans de l'eau acidulée. Les faire cuire à l'eau salée et citronnée. Mettre en boîtes, couvrir avec de l'eau salée et citronnée. Souder. 12 minutes de cuisson, stérilisation, rafraîchir.

Artichauts à la Grecque. — La formule des artichauts à la grecque peut être appliquée à une quantité de légumes, courgettes, poireaux, céleris, cèpes, etc.

Effeuiller et tourner les artichauts, les couper en quartiers, les citronner et les mettre à tremper dans de l'eau acidulée. Mettre à bouillir, pendant quinze minutes, de l'eau, de l'huile, du poivre blanc en grains, le jus de quelques citrons, et, selon la quantité d'artichauts, des petits oignons nouveaux, avec laurier, thym, fenouil, gousses d'ail et sel nécessaires.

Plonger les artichauts dans la cuisson et les faire bouillir vivement jusqu'à ce qu'ils soient cuits (les tenir un peu fermes). Les ranger dans les boîtes, les recouvrir de leur cuisson, en ayant soin d'éliminer le laurier, thym, fenouil. Souder. 12 minutes d'ébullition.

Asperges. — Prendre des asperges de grosseur égale, les râcler, les laver et mettre en bottes. Les faire cuire les bottes droites et ne mettre de l'eau, en commençant, qu'à la hauteur de la partie blanche de l'asperge, en les faisant bouillir doucement 15 à 20 minutes. Ajouter alors l'eau bouillante nécessaire pour que les asperges soient complètement couvertes. Les laisser cuire 7 à 8 minutes, les retirer, les rafraîchir et les mettre en boîtes. On emploie généralement des boîtes plates. Souder. Une heure d'ébullition.

Aubergines à la Provençale. — Couper les aubergines en deux, les inciser, les saler pour leur faire rendre l'eau, les presser et les faire frire à l'huile en les tenant un peu fermes. Les mettre en boîtes en ajoutant des tomates concassées, cuites à point, avec persil et une pointe d'ail hachés.

Céleris. — Effeuiller et nettoyer les pieds de céleris, les écourter, les parer, les laver soigneusement et les faire cuire ensuite à l'eau salée, à grande ébullition, pendant 25 minutes. Les égoutter, les rafraîchir et les mettre en boîtes, eau légèrement salée. Souder. Une heure d'ébullition.

Céleris à la Grecque. — Même procédé que pour les artichauts. 30 minutes de stérilisation.

Courgettes à la Grecque. — Même préparation que les artichauts. On les sectionne par tranches rondes. Même temps d'ébullition.

Courgettes à la Provençale (Hors-d'œuvre). — Peler les courgettes, les détailler en tranches, sur la longueur de un centimètre et demi d'épaisseur. et les saler pour leur faire rendre l'eau. Couper des tranches de tomates d'égale grosseur, les épépiner. Mettre ensuite une tranche de courgette et une tranche de tomate, de façon à former complètement la courgette et la ficeler comme un saucisson. Les mettre à cuire comme il est indiqué aux artichauts à la grecque ; les mettre en boîtes (il faut, de préférence, des boîtes plates) en les plaçant délicatement pour ne point les déformer. 15 minutes d'ébullition.

Cèpes à la Grecque (Hors-d'œuvre). — Choisir de petits cèpes, bien les laver et nettoyer. Faire une cuisson identique aux artichauts à la grecque. Quand la préparation est prête, y plonger les cèpes, les faire cuire dix minutes et les mettre dans un bocal.

Cornichons. — Mettre les cornichons dans une terrine, les saupoudrer de sel fin, les laisser pendant 48 heures, en les faisant sauter de temps à autre. Les égoutter, les mettre dans un bocal et les aromatiser avec thym, laurier, gousses d'ail, petits oignons préalablement blanchis. Les recouvrir ensuite de vinaigre bouillant.

Champignons de Pins (Pignens) (Hors-d'œuvre). — Prendre de la bonne huile d'olive, en assez grande quantité, car il faut que les champignons baignent dans l'huile. Mettre dans cette huile : branche de thym, laurier, clous de girofle, un tout petit peu de noix muscade, oignons coupés en tranches fines, ail, persil, ciboule, échalottes, poireaux en tranches fines, branche de céleri, quelques grains de genièvre, sel, poivre, vinaigre (un bon verre à Bordeaux par litre d'huile) et épices. Si le vinaigre était faible, en mettre une proportion un peu plus grande.

Nettoyer bien soigneusement les champignons, choisis de préférence parmi les plus petits. Veiller à ce qu'ils soient bien égouttés, tout à fait séchés un à un dans un linge.

Les jeter dans la marinade tiède et faire cuire à feu très doux jusqu'à ce que les champignons soient suffisamment cuits et souples. Deux heures et demie à trois heures de cuisson.

Ensuite, mettre en pots de verre, tasser autant que possible et recouvrir avec la marinade. Il faut que l'huile recouvre tout à fait les champignons, car les morceaux qui émergeraient s'abîmeraient un peu.

Fermer comme pour les pots de confiture ; de préférence choisir d'assez grands pots. Cette huile n'est pas perdue, on s'en sert ensuite pour des ragoûts.

Oseille. — Faire blanchir l'oseille, l'égoutter sur un tamis, la passer, la mettre en boîtes et souder. Une heure d'ébullition.

L'oseille peut se conserver aussi et très bien, en la mettant dans de grands pots de verre recouverts d'huile d'olive, après l'avoir blanchie et passée.

Epinards. — Blanchir à l'eau salée, les égoutter, les exprimer, les passer au tamis, les mettre en boîtes et souder. Une heure d'ébullition.

Petits pois. — Choisir des petits pois très frais. Les faire cuire, si possible, dans une bassine en cuivre, avec de l'eau légèrement salée, une pincée poudre de Vichy. Les tenir un peu fermes. Les rafraîchir, mettre en boîtes avec de l'eau froide, légèrement salée. Une heure d'ébullition.

Petits Pois à la Française. — Faire cuire les petits pois à la française, sans les lier (voir au chapitre des Légumes). Les mettre en boîtes. 35 minutes d'ébullition.

Quand on veut les utiliser, il n'y a plus qu'à les chauffer, en les liant avec un morceau de beurre manié.

Haricots Verts. — Même procédé que pour les petits pois et même temps de stérilisation.

Haricots verts conservés au naturel, en Bouteilles. — Mettre sept livres de haricots verts pour une livre de sel, dans une bassine en terre, les laisser 12 à 15 heures, les faire sauter de temps en temps afin que les haricots s'imprègnent bien de sel. Ensuite les mettre en bouteilles avec l'eau que les haricots ont rendue.

Boucher et mettre dans un endroit sec, sans faire bouillir.

Les mettre à tremper dans l'eau, la veille, lorsque l'on veut s'en servir.

Haricots en Grains, frais, en Bouteilles. — Ecosser les haricots, les mettre en grains en bouteilles. Boucher comme s'il s'agissait de tomates, puis faire bouillir deux heures au bain-marie, de façon à avoir les haricots tout prêts au moment de s'en servir. Les égoutter avant de s'en servir.

Ces haricots sont surtout employés, en hiver, en garnitures.

Tomates en Purée. — Couper les tomates en quartiers, les mettre à cuire avec un bon bouquet, une tête d'ail, jusqu'à ce qu'elles aient rendu l'eau complètement. Passer au tamis, mettre la purée en boîtes ou en bouteilles, souder ou ficeler les bouteilles. 35 minutes d'ébullition.

Tomates Concassées. — Couper les tomates en quartiers, les peler et enlever les grains, les mettre en bouteilles sans assaisonnement. Boucher et ficeler; faire bouillir trente minutes.

Ne remplir les bouteilles qu'à deux doigts du goulot, les laisser refroidir dans l'eau. Avoir soin d'entourer les bouteilles de paille pour éviter les heurts de l'ébullition.

Tomates Séchées. — Ouvrir les tomates, les saler, les enfiler à une ficelle, assez éloignées les unes des autres, et faire sécher à l'air.

Ces tomates sont utilisées pour parfumer les potages ou une viande braisée. Les mettre à tremper dans l'eau une heure avant de s'en servir.

Tomates en Demis. — Couper les tomates en demis, les épépiner et les ranger dans les boîtes. Souder. 12 minutes d'ébullition. Rafraîchir les boîtes à l'eau froide après la stérilisation.

Olives Vertes à la Picholine. — Faire dissoudre un demi-litre de potasse dans cinq litres d'eau (ceci pour 15 litres environ d'olives vertes) dans un baquet, y jeter les olives et les laisser huit heures.

Les égoutter et remettre de l'eau froide, la renouveler jusqu'à ce que les olives soient douces.

Les mettre en pots et les recouvrir d'eau bouillie, salée, avec fenouil et laurier. Les olives vertes ne doivent être touchées qu'avec des objets en bois.

Olives Vertes Cassées. — Casser les olives, les mettre dans un pot avec de l'eau, la changer tous les jours, pendant huit jours, pour leur enlever leur amertume. Faire une eau salée, fenouil, laurier et recouvrir les olives.

Olives Noires. — Piquer de belles olives noires, les arroser d'huile, sel et poivre. Les faire sauter pendant huit jours; après ce temps, elles sont prêtes à manger.

Autre Recette : Préparer les olives de la même façon que ci-dessus. Après les avoir fait sauter pendant huit jours, les mettre en pots et les recouvrir d'eau salée, fenouil, laurier. Les olives ainsi préparées se conservent très longtemps.

Truffes. — Brosser les truffes, les laver soigneusement, les mettre dans des boîtes avec une pincée de sel, un verre de cognac ou madère. Souder. Deux heures d'ébullition. Les épluchures se traitent de même.

Truffes. (Formule pratiquée par les Truffiers Vauclusiens). — Brosser et nettoyer les truffes, les ranger en boîtes avec une pincée de sel. Souder. Deux heures d'ébullition.

Ragoût d'Aubergines Provençale. — Eplucher des aubergines, les détailler en tranches, les saler et les mettre dans une terrine, pendant une heure, pour leur faire rendre l'eau. Ensuite les faire frire, les égoutter, les mettre en boîtes et les recouvrir d'une sauce tomates préparée à l'avance. Souder. Une heure d'ébullition.

Lait Conservé. — Faire réduire un litre de lait de la moitié de son volume, le laisser refroidir et le mettre dans un flacon bien bouché et ficelé. Deux heures d'ébullition.

Crème. — Mise crue dans un flacon ou en boîte. Deux heures d'ébullition.

Foies Gras au Naturel. — Faire macérer les foies gras avec sel, épices, madère et les mettre en boîtes. Combler le vide des boîtes avec de la graisse. Souder. Deux heures d'ébullition.

Purée de Foies Gras. — On prépare la purée de foies gras avec les parures de ceux-ci déjà cuits. Passer les parures au tamis, assaisonner la purée avec sel, épices, madère, truffes. Remplir les boîtes et souder. 35 minutes d'ébullition.

Thon Mariné à l'Huile. — Prendre des tranches de thon assez épaisses. Les mettre à dégorger pendant deux jours à l'eau froide pour les obtenir très blanches.

Les cuire ensuite en casserole, avec : oignons émincés, thym, laurier, fenouil, ail, jus de citron, un verre de vin blanc, sel, poivre en grains et, selon quantité, un litre ou un demi-litre d'huile. Une heure de cuisson très lentement. Mettre le thon en boîtes, le recouvrir avec l'huile dans laquelle il a cuit. Une heure d'ébullition.

On peut, si l'on veut, le préparer à la tomate, en y ajoutant de la tomate concassée préalablement cuite.

Anchois au Sel. — Couper les têtes aux anchois, les placer, pendant 24 heures, entre deux couches de sel gros pilé. Piler du sel gros additionné de cinabre (environ trois grammes au kilo). Placer ensuite les anchois dans un bocal, en commençant par une couche de sel, une couche d'anchois, et continuer ainsi en finissant par une couche de sel. Adapter sur la surface une planchette et placer sur celle-ci un caillou pour faire pression. Au bout de quelques jours, il se produit à la surface une substance huileuse qu'il faut soigneusement enlever, sans quoi elle donnerait le goût de rance aux anchois.

Sardines au Sel. — Même formule que pour les anchois.

Sardines à l'huile. — Prendre de très belles sardines et surtout très fraîches, couper les têtes, les essuyer; les mettre entre deux couches de sel gros, pendant deux ou trois heures. Les essuyer pour leur enlever le sel, les placer sur une plaque huilée, les mettre au four très chaud pendant deux minutes. Les mettre en boîtes, les couvrir d'huile d'olive, les souder. 15 minutes d'ébullition. Les retirer aussitôt et rafraîchir les boîtes à l'eau courante.

Sardines à la Tomate. — Même opération que les sardines à l'huile, jusqu'à la mise au sel. Les essuyer, les mettre en boîtes et les mouiller avec un coulis de tomates. 15 minutes d'ébullition. Rafraîchir les boîtes.

Saumon au Court-Bouillon. — Faire un court-bouillon, moitié vin blanc, moitié eau, avec oignons émincés, carottes, thym, laurier fenouil, sel et poivre en grains ; laisser cuire vingt minutes. Donner dix minutes de cuisson, dans ce court-bouillon, aux tranches de saumon, et laisser refroidir.

Mettre ensuite le saumon, détaillé en morceaux, en boîtes, le couvrir du court-bouillon dans lequel il a cuit, en ayant soin de le passer à une passoire. Souder. Une heure d'ébullition.

Salmis de Grives. — Barder de belles grives, foncer une casserole avec : tranches d'oignons, carottes, lardons, couenne, les grives dessus. Les passer au four et, dès qu'elles sont colorées, les retirer. Leur enlever le cou et la tête, les piler dans un mortier, les remettre ensuite dans la casserole, en y ajoutant un verre de vin rouge. Faire réduire, mouiller au bouillon, une gousse d'ail écrasée, thym, laurier, sel, poivre, quelques baies de genièvre pilées. Lier la sauce avec de la farine et laisser cuire 25 minutes. Mettre les grives en boîtes, les couvrir de la sauce salmis. Souder. Deux heures d'ébullition.

Tous les gibiers à plumes s'apprêtent de la même façon : bécasses, bécassines, vanneaux, canards, sarcelles, etc.

Civet de Lièvre. — Préparer un civet de lièvre, ainsi qu'il est indiqué au chapitre du gibier. Le mettre en boîte. Deux heures d'ébullition. Avoir soin, pour le conserver, de ne le faire cuire qu'aux trois quarts, c'est-à-dire qu'il soit encore assez ferme.

On traite de la même façon le lapin de garenne, le sanglier et le chevreuil.

Pâté de Grives Truffé. — Désosser de belles grives, les assaisonner de sel, poivre, épices, muscade, rhum et madère. Laisser macérer deux heures.

Préparer une farce avec : panne de porc, foie de porc et maigre de porc. Passer cette farce à la machine à hacher, en y ajoutant des baies de genièvre. La piler ensuite au mortier, assaisonner de sel, poivre, épices, rhum et madère, épluchures de truffes.

Prendre de petites boîtes ovales que l'on trouve dans le commerce, foncer le fond de la boîte avec cette farce. D'autre part, étaler les grives désossées, les farcir, en y ajoutant quelques morceaux de truffes coupées en dés. Donner à la grive sa forme primitive. La mettre dans la boîte sur le fonds de farce et la recouvrir de farce. Faire cuire les boîtes dans une plaque au four, au bain-marie, quarante minutes environ. Les faire refroidir. Souder. Une heure d'ébullition.

Pâté de Lièvre. — Couper les morceaux de lièvre en gros dés, avec quelques lardons. Supprimer le genièvre et opérer de la même façon que pour les grives. Une heure d'ébullition.

Tous les gibiers : chevreuil, sanglier, etc., se traitent de cette façon.

CONSERVES DE FRUITS

Il est essentiel, pour les conserves de fruits, d'être muni d'un pèse-sirops, afin de connaître exactement le degré du sirop. Les sirops à fruits, en général, doivent être titrés de 15 à 20 degrés.

Abricots en Demis. — Choisir des abricots pas trop mûrs, les couper par moitié, les mettre en boîtes et les couvrir avec un sirop de 15 degrés.

Avec la cherté du sucre, on peut faire le sirop moitié sucre, moitié glucose. Dix minutes d'ébullition, retirer les boîtes, les rafraîchir aussitôt.

Cerises. — Couper les queues des cerises, les mettre en boîtes avec un sirop à 15 degrés. Dix minutes d'ébullition. Rafraîchir aussitôt.

Fraises. — Eplucher les fraises, les mettre en flacon avec sucre en poudre (700 grammes au kilo environ), boucher, ficeler. 20 minutes d'ébullition. Laisser refroidir dans l'eau.

Pêches en Moitiés. — Choisir des pêches mûres à point, les ouvrir, leur enlever les noyaux, les placer dans les boîtes. Si ce sont des pêches molles, les couvrir avec un sirop à 18 degrés. Si ce sont des dures, avec un sirop à 15 degrés. Dix minutes d'ébullition, rafraîchir aussitôt.

Pêches entières. — Plonger les pêches dans l'eau bouillante, afin de pouvoir les peler plus facilement ; les rafraîchir, les mettre en boîtes et les recouvrir d'un sirop à 20 degrés. Trente minutes d'ébullition, rafraîchir aussitôt.

Ce procédé n'est pas très recommandable actuellement, vu la cherté des boîtes, et ces pêches sont d'un prix de revient excessif.

Prunes. — Choisir les prunes pas trop mûres, les piquer avec une épingle pour éviter que la peau ne s'enlève au contact de la chaleur, leur laisser la queue, les mettre en boîtes et les couvrir avec un sirop à 15 degrés. Dix minutes d'ébullition. Rafraîchir aussitôt.

Poires. — Si l'on emploie de belles poires fondantes, les peler, les couper en quartiers, les épépiner et les mettre dans de l'eau citronnée pour les empêcher de noircir. Les placer ensuite dans les boîtes, les couvrir d'un sirop à 20 degrés. Souder. 12 minutes d'ébullition.

Jus de Fruits pour Glace. — Abricots, fraises, framboises, groseilles.

Passer les fruits au tamis, y ajouter 200 grammes de sucre en poudre au litre. Mettre en bouteilles, les ficeler et les envelopper d'un paillasson. 35 minutes d'ébullition. Les laisser refroidir dans l'eau.

Jus de Fruits conservé à froid. — Passer les fruits au tamis, ajouter 500 grammes de sucre par litre de purée, un gramme d'acide salycilique par cinq kilos de jus.

Boucher simplement les bouteilles, ficelées et conservées ainsi.

RÉPARTITION DES VINS DANS LE MENU

DÉJEUNER

HORS D'ŒUVRE ET POISSONS : Vin blanc de Cassis, *Cassis Bodin*, *Bordeaux*, Sauterne, Graves, *Bourgogne*, Chablis, Pouilly, Meursault, Montrichet, *Vin du Rhin* ou de la *Moselle*.

ENTRÉES : Bordeaux rouge.

ROTI : Bourgogne rouge.

LÉGUMES : Vin blanc.

ENTREMETS : Vin doux, Frontignan, Lunel, Samos, Moscatel, etc.

DESSERT : Champagne, *Royal Provence*.

DINER

POTAGE : Vin sec parfumé, Sherry, Xérès, Madère.

POISSON : Vin blanc de *Bordeaux*, *Bourgogne*, du *Rhin*.

RELEVÉ : Bordeaux rouge.

ROTI : Bourgogne rouge.

LÉGUMES : Vin blanc.

ENTREMETS : Vin doux.

DESSERT : Champagne, *Royal Provence*.

NOTA. — Le champagne peut être servi pendant tout le menu.

COMPOSITION DE MENUS

MENUS DE CEREMONIE

DÉJEUNER

Hors-d'œuvre à la Russe
Œufs farcis à la Chimay
Mostèle de la Méditerranée
Dugléré
Poulet Cocotte Bonne Femme
Pommes Anna
Selle d'Agneau Printanière
Haricots verts au beurre
Soufflé Rothschild
Fruits
Biscuits

DINER

Consommé Verdi
Petites bouchées Montglas
Filets de soles Marguery
Cœur de filet Monte-Carlo
Poularde
de la Flèche Régence
Sorbets au Marasquin
Faisans de Bohême
en Volière
Salade Rachel
Asperges de Lauris sauce
mousseline
Bombe Nélusko
Petits Fours
Fruits assortis

MENUS COURANTS

DÉJEUNER

Hors-d'œuvre
Croquettes de Volaille
sauce Orly
Jambon aux Epinards
Châteaubriand M^{tre} d'Hôtel
Pommes Savoyardes
Fruits

DINER

Consommé Cultivateur
Filet de Turbot Bercy
Selle de pré-salé Provençale
Haricots verts au beurre
Poulet rôti
Salade
Pudding Vésuvien

DÉJEUNER

Œufs pochés Impériale
Currie d'agneau à l'indienne
Entrecôte grillée M^{tre} d'hôtel
Pommes nouvelles
Dessert

DINER

Potage Condé
Petits Bars Meunière
Canetons Dauphinoise
Cardons au gratin
Gigot d'agneau rôti
Salade
Croûtes aux Fruits

MENUS COURANTS (Suite)

DÉJEUNER	DINER
Mayonnaise de saumon	Crème Châtelaine
Foie de veau américaine	Soles Joinville
Entrecôte grillée M^{tre} d'hôtel	Noix de veau Jardinière
Pommes Savoyardes	Choux-Fleurs
Dessert	sauce hollandaise
	Pigeons rôtis
	Salade
	Riz Impératrice

DÉJEUNER	DINER
Hors-d'œuvre	Consommé Julienne
Coquilles Saint-Jacques	Filet de Merlan Dieppoise
Pièce de Bœuf à la Mode	Poulet poêlé Champeaux
Escalopes de veau Viennoise	Haricots verts au beurre
Pommes nouvelles	Roastbeef
Fruits	Pudding à l'anglaise

DÉJEUNER	DINER
Croquettes de volaille	Potage Saint-Germain
sauce Orly	Soles au gratin
Rognons au Madère	Quartier de pré-salé Bretonne
Entrecôte grillée Colbert	Salsifis à la Crème
Pommes sautées	Poulet de Bresse rôti
Dessert	Charlotte de Pommes

DÉJEUNER	DINER
Œufs pochés Châtelaine	Consommé Julienne
Tournedos Parisienne	Filet de bar Dugléré
Côtes d'agneau panées	Poulet cocotte Portugaise
Salade Niçoise	Asperges sauce mousseline
Fruits	Roastbeef
	Pudding saxon sauce angl^{se}

DÉJEUNER	DINER
Petites bouchées à la Reine	Potage velours
Pigeons en compote	Loup de roche sauce mous^{ne}
Filet de veau rôti	Poulardes Standley
Salade de Haricots verts	Petits pois au beurre
Fruits	Filet de pré-salé rôti
	Méringues Chantilly

MENUS COURANTS (Suite)

DÉJEUNER

Sardines grillées Mtre d'Hôtel
Poulet sauté chasseur
Chops grillés
Pommes à l'anglaise
Dessert

DINER

Consommé vermicelles
Merlan à l'anglaise
Longe de veau Nivernaise
Céleris au jus
Pintade rôtie
Crème Caramel

MENUS MAIGRES

DÉJEUNER

Hors-d'œuvre
Gnocchis Romaine
Epinards aux œufs pochés
Loups grillés sauce Provençle
Pommes nature
Tarte aux prunes

DINER

Potage Santé
Filets de soles au vin blanc
Cèpes sautés Bordelaise
Salsifis au gratin
Croûtes aux fruits

DÉJEUNER

Hors-d'œuvre
Cantaloup rafraîchi au Porto
Ecrevisses à la nage
Haricots verts à la crème
Friture de goujons
Salade de légumes
Poires méringuées

DINER

Crème d'huîtres
Saumon grillé au beurre
d'anchois
Fonds d'artichauts à la crème
Sarcelles rôties
Salade de légumes
Croûte au fromage
Beignets de pommes
Fruits

DÉJEUNER

Hors-d'œuvre
Brandade de morue truffée
Choux-fleurs à la Polonaise
Macreuse braisée aux Olives
Salade
Flan à la Parisienne

DINER

Potage Saint-Germain
Coquilles de poisson au
gratin
Omelette aux truffes
Artichauts frits à l'italienne
Pudding de semoule sauce
Sabayon

DÉJEUNER

Hors-d'œuvre
Bouillabaisse
Macaronis au gratin
Haricots verts au beurre
Beignets soufflés
sauce Abricots

DINER

Soupe de poissons
Œufs farcis à la Chimay
Truite de rivière Meunière
Petits pois aux laitues
Compote de pêches

MENUS-SOUPER

Consommé chaud ou froid
Ecrevisses à la Bordelaise
Pâté de veau au jambon
à la gelée
Salade de légumes
Coupes Jack
Biscuits

Consommé chaud ou froid
en tasse
Huîtres
Saumon froid sauce Mayon^{se}
Tournedos Rossini
Galantine de volaille
à la gelée
Salade parisienne
Glace Vanille
Petits fours

Consommé chaud ou froid
Truites court-bouillonnées
froides, sauce verte
Noix de veau froide dans
sa gelée
Salade de pommes
Croûtes au fromage
Pâtisserie

BUFFET FROID

Un buffet froid ne se compose que de pièces froides (poisson, gibier, volaille ou viandes, des sandwichs de toutes sortes, des glaces et boissons froides, orangeade, citronnade, champagne, consommé froid, gâteaux).

Les pièces froides sont détaillées au moment de servir, elles doivent être dressées avec goût.

Consommé froid
Saumon froid à la Russe
Galantine de volaille à la
gelée
Volaille froide
Noix de veau
Sandwichs au jambon
Langue, Roastbeef
et foie gras
Ecrevisses à la nage
Jambon à la gelée
Pâté de volaille
Roastbeef froid
Glace vanille
Citronnade, orangeade
Gâteaux
Champagne

TERMES USITÉS EN CUISINE

Abaisse. — Morceau de pâte que l'on abaisse au rouleau, c'est-à-dire que l'on étend de l'épaisseur voulue pour former le fonds d'une pièce de pâtisserie.

Appareil. — Ce terme désigne principalement une garniture de croquettes, de coquilles, toute préparée dans sa sauce et prête à prendre la forme que l'on veut lui donner. Assemblage d'ingrédients devant composer un mets quelconque. Composition d'une pâte toute préparée et prête à cuire.

Bain-Marie. — On cuit ou on réchauffe au bain-marie en mettant le récipient que l'on veut faire cuire ou réchauffer dans un autre vase, mis sur le feu et rempli d'eau bouillante. On évite ainsi l'action calorique à certaines préparations qui ne doivent pas subir l'ébullition directe.

Barder. — Recouvrir les viandes de boucherie ou les volailles et gibier, de bardes de lard, avant de les faire rôtir.

Blanchir. — Action de soumettre à l'action de l'eau bouillante certaines substances, pendant quelques minutes, pour les débarrasser de certains principes nuisibles ou pour les préparer à une cuisson définitive.

Brider. — Retenir les membres d'une volaille avec une ficelle. On bride également un morceau de viande auquel on veut conserver, après cuisson, la forme qu'on lui a donnée.

Bouquet garni. — On met d'ordinaire, dans un bouquet garni, un brin de thym, une feuille de laurier, un brin de persil et céleri, le tout lié ensemble avec du fil de cuisine.

Chinois. — Sorte de passoire en toile métallique en forme de chapeau pointu.

Corser. — Augmenter la saveur d'une sauce par l'addition d'un suc concentré ou simplement par la réduction de cette sauce.

Concasser. — Piler ou casser en morceaux de petites dimensions, du sucre, de la glace, etc...

Déglacer. — Détacher au moyen d'une cuillerée d'eau chaude la partie du jus qui s'est caramélisée au fond d'une casserole.

Dégorger. — C'est débarrasser les viandes du sang qu'elles contiennent et les rendre plus blanches en les faisant tremper dans l'eau froide.

Dégraisser. — Graisse que l'on retire, après cuisson, de la surface du jus et du bouillon.

Dresser. — Disposer les pièces et les morceaux sur un plat, comme ils doivent être servis.

Dés. — Forme cubique que l'on donne à toute garniture en la coupant plus ou moins grosse, imitant un dé à jouer. De là, l'étymologie de ce terme.

Douille. — La douille dont il est si souvent question dans le cours de nos formules, est un tout petit ustensile en fer blanc, de forme conique, ayant une très petite ouverture à son sommet ; celle-ci unie ou dentellée, suivant le besoin. En d'autres termes, la douille affecte la forme d'un entonnoir qui serait dépourvu de tube. Pour s'en servir, on l'adapte à une poche en toile, en forme de cornet.

Emincer. — C'est couper la viande ou les légumes en tranches très minces.

Flamber. — Passer une volaille ou un gibier sur la flamme après l'avoir plumé, afin d'en brûler le duvet.

Foncer. — Mettre au fond d'une casserole des morceaux de lard et des tranches de carottes ou d'oignons.

Fouet. — Sorte de petit balai en fil de fer pour battre les œufs ou remuer les sauces.

Frémir. — Se dit d'un liquide qui est sur le feu et qui est sur le point de bouillir.

Fonds. — On appelle fonds ou fonds de cuisson, le jus provenant de la cuisson d'un poisson, d'une pièce de boucherie, d'une volaille, etc., dans lequel on aura ajouté une sauce, jus ou tout autre liquide.

Glace. — C'est le produit d'un jus arrivé à son dernier degré de réduction. Il peut être, à la rigueur, remplacé par un jus ordinaire ou du bouillon.

Glacer. — C'est arroser un aliment quelconque avec son jus réduit à glace.

Gratiner. — C'est cuire la surface de certains mets au four.

Julienne. — Tailler en julienne, signifie émincer en fines lanières comme les légumes destinés au potage qui porte ce nom.

Liaison. — Il y a plusieurs sortes de liaisons. Celle à l'œuf, qui est destinée à finir une sauce blanche. Elle se compose ordinairement d'un ou de plusieurs jaunes d'œufs étendus ou additionnés d'un peu de lait, crème ou bouillon, suivant le cas.

On appelle aussi liaison, un mélange de farine et d'eau ou tout autre liquide : bouillon, jus, vin blanc, etc.

Cette liaison, qui doit être assez liquide, sert à épaissir un jus qui devient alors un jus lié, une sauce ou un ragoût quelconque.

Manier. — Mélange de beurre et de farine fait à froid et servant à lier certaines préparations culinaires, principalement les matelottes ou encore les petits pois.

Mariner. — Assaisonnement préparatoire que l'on fait subir aux viandes crues pour leur donner plus de saveur et les attendrir.

Mijoter. — Cuisson lente et à chaleur douce.

Mortifier. — Action de garder la viande quelques jours dans un endroit frais pour l'attendrir. On arrive aussi à ce résultat en la battant.

Mouiller. — Mettre, pendant la cuisson d'un mets, un liquide quelconque pour en augmenter la sauce.

Mirepoix. — Pris isolément, ce mot indique la réunion de plusieurs légumes et arômates : carottes, oignons coupés en dés, appuyés de jambon ou de petit salé, coupé de même, thym, laurier, persil en proportions déterminées ; le tout, plus ou moins revenu au beurre, au saindoux ou à l'huile.

Cette mirepoix se met ensuite dans un potage ou une sauce en cours de préparation pour lui communiquer son essence ou arôme composé.

On prépare, avec les mêmes ingrédients, ce qu'on appelle un fonds ou essence de mirepoix. Ces légumes, après avoir été revenus au beurre ou à la graisse, sont additionnés de vin blanc et de bouillon et, après cuisson plus ou moins prolongée, le fonds de cuisson ou essence obtenu est passé au tamis et employé à divers usages culinaires.

Napper. — Le mot napper signifie verser sur un mets une sauce ou une crème d'une épaisseur convenable, de façon que ce mets en reste couvert. On dit aussi « Masquer ».

Paner. — Saupoudrer de mie de pain ou de chapelure les viandes ou poissons que l'on veut faire cuire au four, sur le gril ou frire.

Parer. — C'est ôter à la viande les peaux et les graisses superflues et régulariser la forme du morceau.

Passer. — Synonyme de « faire revenir ». Donner quelques tours à une viande ou à un légume dans une casserole, avec du beurre, de l'huile ou de la graisse.

Paupiettes. — Tranches de viande minces et filets de poissons.

Partir. — Faire partir signifie mettre en action directe avec le feu, commencer la cuisson.

Pocher. — On poche les œufs en les cassant dans de l'eau bouillante, ainsi que les quenelles, pour les faire cuire.

Pincer. — Pincer un pâté, c'est saisir les deux abaisses réunies pour bien les souder ensemble, comme pour donner une forme régulière aux bords de la pâte. On pince avec les doigts ou mieux encore à l'aide d'un ustensile appelé pince-pâte.

Le terme pincer s'emploie aussi pour indiquer le moment où le fonds d'une braise, le jus d'un rôti, etc., s'attache au fond de la casserole par l'effet de caramélisation de ce jus.

Réduire. — Soumettre un liquide quelconque à l'ébullition pour l'amener à une réduction de volume.

Rissoler. — Faire prendre une couleur dorée, rousse, à une viande ou à un légume quelconque, en les sautant au beurre, à l'huile, etc.

Revenir. — Voir « Passer ».

Saisir. — Faire saisir, c'est soumettre une chair quelconque à l'action d'un feu ardent.

Suer. — Faire suer, c'est l'action d'exposer une chair quelconque, en vase clos, à l'action du feu, pour lui faire rendre un suc.

Salpicon. — Le salpicon se compose de plusieurs substances mélangées et coupées de même forme, le plus généralement en dés. Ces substances sont d'ordinaire des truffes, champignons, jambon, langue écarlate, blanc de volaille cuite ou gibier, etc.

Sangler. — Sangler un moule, une sorbetière, etc., c'est les disposer dans un baquet et tasser tout autour de la glace pilée, mélangée de sel, pour les faire congeler.

Pour les moules contenant de la gelée d'aspic, le sanglage ne se fait qu'avec de la glace seule, le sel ternissant la gelée.

Tourner. — Se dit des légumes lorsqu'on leur donne, avec le couteau, une forme ronde ou ovale.

Trousser. — Action d'assujettir les cuisses et les ailes d'une volaille contre le corps avec de la ficelle, avant de la mettre à cuire.

Travailler. — Synonyme de manipuler. Travailler une sauce, c'est la faire réduire sur le feu en la remuant avec une spatule. Travailler une pâte à biscuits ou pâte similaire, c'est la remuer vigoureusement avec une cuillère en bois. Travailler une pâte à brioche, à babas, c'est lui donner du nerf, du corps, en la pétrissant et en l'étirant selon les principes et les besoins.

Vanner. — Agiter, avec une cuillère, une sauce ou une crème, pour la conserver lisse et empêcher une peau de se former à la surface.

TABLE ALPHABÉTIQUE

TABLE DES CHAPITRES

71 — Recettes
50

Gâteau roulé
1 œuf
50 gramme farine
50 gramme sucre en poudre
un peu de beurre

IMPRIMERIE
du "PETIT MARSEILLAIS"
SAMAT & Cie
20114

Le "KUB" à base de jus de viande de bœuf, donne un excellent bouillon, bonifie et améliore tous potages, sauces, ragoûts, pâtes, légumes frais et secs et tous les mets en général, en y ajoutant une saveur et une valeur nutritive incomparables.

MANUFACTURE de PATES ALIMENTAIRES

FONDÉE EN 1858

USINE ÉLECTRIQUE

D. BOURRAGEAS

USINE ET BUREAUX :

*61, Rue des Cordeliers
et Rue Lieutaud*

AIX-EN-PROVENCE

MAISON RÉPUTÉE
POUR LA
QUALITÉ SUPÉRIEURE
DE SES
PATES ALIMENTAIRES

MÉDAILLE D'ARGENT : Amsterdam 1887 - MÉDAILLE D'OR : Nice 1899

Le "KUB" à base de jus de viande de bœuf, se recommande aux Ménagères, Coloniaux, Touristes, Chasseurs, Voyageurs, Cyclistes, Sportsmen, etc., par sa préparation facile et rapide et ses éléments stimulants et nutritifs.

—— EN VENTE PARTOUT ——